# 21 天 变身优雅女神

孙卫莲　编著

SPM
南方出版传媒
广东经济出版社
·广州·

**图书在版编目（CIP）数据**

21 天变身优雅女神 / 孙卫莲编著 .—广州：广东经济出版社，2020.6

ISBN 978 - 7 - 5454 - 7228 - 8

Ⅰ. ①2…　Ⅱ. ①孙…　Ⅲ. ①女性—形态训练　Ⅳ. ①G831.3

中国版本图书馆 CIP 数据核字（2020）第 072240 号

责任编辑：周伊凌　李雨昕
责任技编：陆俊帆

**21 天变身优雅女神**
21 TIAN BIANSHEN YOUYA NÜSHEN

| | |
|---|---|
| 出版人 | 李　鹏 |
| 出　版<br>发　行 | 广东经济出版社（广州市环市东路水荫路 11 号 11 ~ 12 楼） |
| 经　销 | 全国新华书店 |
| 印　刷 | 佛山市迎高彩印有限公司<br>（佛山市顺德区陈村镇广隆工业区兴业七路 9 号） |
| 开　本 | 787 毫米 × 1092 毫米　1/16 |
| 印　张 | 20 |
| 字　数 | 273 千字 |
| 版　次 | 2020 年 6 月第 1 版 |
| 印　次 | 2020 年 6 月第 1 次 |
| 书　号 | ISBN 978 - 7 - 5454 - 7228 - 8 |
| 定　价 | 68.80 元 |

图书营销中心地址：广州市环市东路水荫路 11 号 11 楼
电话：（020）87393830　邮政编码：510075
如发现印装质量问题，影响阅读，请与本社联系
广东经济出版社常年法律顾问：胡志海律师

# 前言

PREFACE

你离优雅的距离有多远？其实，并不远，21 天就足够了！

你离优雅的距离有多远？其实，并不远，1 本书就可以了！

这是一本能够快速提升女性魅力的魔法书。本书不只是一套有效教导女性形成健康挺拔的体态和优雅美丽的仪态的教程，更是一套全方位提升女性外在魅力与内在智慧的成长体系。

本书是资深优雅仪态与女性教育专家孙卫莲老师的 10 年心得总结，书中聚焦中国女性生活、工作常见场景，并依托中国优雅仪态领导品牌——“蒲公英时光”的优雅学院专家团体独家研发的“新·优雅仪态”五维训练体系，围绕女子的体态、仪态、神态、心态、生命状态五大维度进行层层梳理，让更多女性通过循序渐进地学习，一步一步从平凡中脱颖而出，获得与众不同的气质和魅力！

我想告诉广大女性，优雅的仪态不是空中楼阁，更不是有钱、有闲女人的专利。它是我们生活的一部分，是每一个女人都可以拥有的东西。它是我们在柴米油盐酱醋茶的琐碎中依然可以保持的美好，是我们不管遇到任何挫折，依然坚定地热爱生活的表现！

我相信，大家通过这本书的专业指导和 21 天的持续练习，能让僵硬的身形变得柔软，能让大家因各种原因而导致的自卑心理变得从容、自信。我想让言行粗俗的“女汉子”变成淑女甚至是女神，让处在生活低谷中的女性脱离困境，帮助女性在身处顺境时更加彰显优雅、从容！

我期待，你的完美蜕变！因为你本来就很美！

# 自　序

AUTHOR'S PREFACE

著名德育教育家王凤仪老先生说：“女子是世界的源头，源头不浊，水流自然清洁。”

把一生奉献给中国社会改革的革命家梁启超先生提出“欲强国必由女学”说。看一个国家是否繁荣昌盛，就要看这个国家的女性群体是否拥有文化和智慧，如果这个国家的女性群体拥有文化和智慧，那这个国家的繁荣就是理所当然的。

国学大师曾仕强教授也曾调侃过：“当你有个儿子，你不好好教他，你就害你全家；当你有个女儿，你不好好教她，你就害别人全家。所以你跟谁有仇，很简单，你就宠坏你的女儿，嫁给他儿子，他全家就完了，大仇就报了。” 这段话看似是玩笑话，但其实道出了培养女儿的重要性，母亲当然是女儿的第一个榜样，如果说谁要先学习成长的话，那一定是母亲。因为母亲是“原件”，女儿是“复印件”。

所以，教育重要，教育女人更重要！

人类历史上的那些伟人，总有父母无条件地支持他们。尤其是母亲，是主要支持他们的人。武汉大学的老师邹翃燕女士把脑瘫的儿子培养成哈佛的高材生；孙红雷的母亲靠捡破烂儿把孙红雷培养成了一个影视演员；爱迪生很晚才学会说话，他的大脑和同龄人不同，是母亲的信任和鼓励成就了一个造福人类的发明家；礼仪皇后Miss Dally也是在母亲的鼓励下去了悉尼，后来成为著名的澳大利亚小姐，再后来成为被英女王钦准的世界礼仪皇后，成为无数人崇拜的偶像！

周朝有“三太”：太姜、太妊、太姒，她们是三位伟大的母亲，她们辅佐和教化了王季、周文王、周武王、周公，造就了周朝八百年的基业，让周朝成为历史上最长的王朝！

这些都是母亲身教言传的力量！家族间、民族间的较量，在某种程度上也是母亲综合素养的较量。

母亲，一个非常伟大的称呼，我们的生命都来自母亲，我也是到了为人妻、为人母的年龄才懂得“母亲”的含义。

黄河原本并不黄，是因为容纳了百川才改变了模样；母亲原本很漂亮，是因为养育了儿女才变得很沧桑。

我的母亲也是如此。

我出生在一个普通的家庭中，在我的印象当中，我的妈妈属于中国典型的贤妻良母。我家有姐妹三人，大家都说我长得像我爸，是属于五官端正型的，姐姐则像妈妈，属于很漂亮的那种类型。

有次我问爸爸，姐姐是不是很像妈妈年轻的时候。一向不善言辞更很少夸人的爸爸说：“你妈年轻时比你姐漂亮多了。“由此可见，我的妈妈年轻时真的很漂亮。”

但是，比起漂亮，让我印象更深的是妈妈的贤淑。我们是北方人，爸爸爱吃面，妈妈每天都会给他做手工面；我喜欢吃米饭，妈妈又专门给我蒸一小碗米饭；爷爷、奶奶年纪大了，要吃很松软的饭菜，妈妈又要专门烹调爷爷、奶奶喜欢吃的食物。因此一顿饭经常要煮上好几种饭菜，不管她多累，天有多晚。可以这么说，妈妈一辈子都在照顾家庭里的每一位成员，而且体贴入微。

妈妈对我们姐妹三人的照料更是无微不至，抚养我们长大，供我们读书，教我们做人。直到我们长大了，我才发现妈妈有了很多的白发，身形变得臃肿，皮肤变得粗糙，背也不再挺拔……这个时候我才发觉妈妈真的老了，她像蜡烛一样照亮了身边所有的人，却把自己燃烧成了灰烬，最后她疾病缠身，在五十多岁就离开了我们……

十多年过去了，想到妈妈曾经为我们做的一切，我心中有着深深的感激之情，但更夹杂不少的心疼。因为我曾经漂亮的妈妈，她用生命在爱我们，却没有用生命爱自己；她只知道相夫教子是一种责任，却不知道活出女人的自我的精彩姿态，也是一种不辜负生命、不枉为女人的人生态度。

其实，妈妈的人生轨迹，何尝不是中国大多数女性的人生缩影？

我的姐姐，她完美继承了妈妈漂亮的基因，因为长得很漂亮，她年轻的时候追求者众多。但是，姐姐结婚后，生了三个孩子，短短十几年时间，她身材变形到我都快认不出来了。我突然发现，姐姐完全是在重复妈妈那样的人生轨迹。她在生活里奉献出年华，却完全没有了自我。在一次通话中，姐姐失落地跟我说："当年，我走在大街上时，会有很多欣赏和羡慕的目光；回到家里，老公会给我一个大大的拥抱。可是现在，走在街上没有人会看我一眼。回到家里，老公头都不抬一下。送孩子上学，孩子会说，妈妈，你把我送到路口就好了。那种被忽略、被忽视的感觉让我很失落。有时候我会呆呆地站在镜子前面很久，看着镜子里的自己，身形变肿了，腰和腿变粗了，整个身体也僵硬了，没有了曲线。更可怕的是，我从我自己脸上看不到曾经的自信和活力。我没把自己弄好，也把生活弄得一团糟。有时，看着镜子，我的眼泪就流下来了，我怎么变成了这个样子？这不是我当年想象的样子啊！难道我一辈子就这样了吗？"

姐姐电话里沮丧中带有抽泣的声音，让我听起来既心疼又难受，我在那一瞬间猛然想起了妈妈，她不也是这样消磨自己的生命来换取家人无后顾之忧的前行吗？

在从事女性教育的过程中，我接触了大量曾经像妈妈、姐姐这样生活的姐妹们，我惊喜地看到她们通过学习的改变，我曾经不止一次希望这样的变化也可以在姐姐身上呈现。

之前，我不止一次跟姐姐说过，来广州到我这边上上课。但姐姐总说太忙，总说有三个孩子要照顾，走不开……终于有一次，我听她在电话里的哭诉，似乎也听到她内心渴望改变的呼唤。

终于，在我的苦苦劝说之下，姐姐从家乡来到了广州，来参加关于女性优雅仪态的课程。

在课堂上，我看到姐姐的认真与努力。姐姐对自己的改变感到惊喜，参加课程后的她，肩部越来越薄了，腰围小了一大圈，整个人也渐渐焕发出生机与活力……

姐姐和我聊天时忍不住感叹道，十几年的婚姻生活，消磨了她太多太多，让她认为她今后几十年也就这样过了。但是，这段时间的学习，除了让她整个身形发生了变化，更重要的是，让她从心底明白了一个道理，之前不是生活让她变得如此，而是她自己放弃了美丽。只要她想要美丽，美丽就会是属于她的。

那一刻姐姐泪流满面，但我想，这次的流泪，与上次和我通话时的流泪，应该是不同的。

姐姐上了二十多天的课之后回到老家，一个邻居迎面走来竟然没认出她来，进家门时，姐夫看着她，愣了至少五秒钟没说出话，孩子们看到她后欣喜若狂地说："哇！妈去小姨那里还不到一个月，就变得这么漂亮。"

从回家那天开始，三个孩子争抢着让她送着上学。孩子们的老师和同学都知道她们有一个有气质又有修养的妈妈，她的女儿们很骄傲，说同学好羡慕她们！姐姐身上那种久违的自信和价值感又回来了。

我们家族很多的女性长辈——外婆、奶奶、妈妈、婶婶、姑姑等，因为那个时代的文化和主流价值观，她们几乎都沿着和我的妈妈一样的人生轨迹生活。我爱她们，也向她们致敬！

只是，我通过努力选择与她们不同的人生轨迹。我也通过努力传播女性优雅教育，希望能帮助更多的女性拥有专属于自己的美丽。所以，我希望我们家族这一代女性，甚至下一代的女孩子们，在做贤妻良母的同时，依然能够活出自己想要的样子。

现在我们家族的晚辈中，只要是 9 岁到 16 岁之间的女孩子，每年暑假，家里人都会送她们到广州来上优雅仪态少女班，因为这个阶段是建立孩子优秀形体习惯和培养精神气质的最佳时期。

我想，这是作为家人送给她们最好的礼物。

我惊喜地看到，除了父母遗传给她们的淳朴、善良，通过课程的训练，她们变得亭亭玉立，举手投足间自信、大方，拥有与众不同的优雅气质，也拥有了更加积极的人生观。这也算是我为家族做的小小贡献吧。我很开心，也更加坚定了我终身从事并做好这份优雅美学与女性教育事业的决心！

其实，关于我的家，我讲了这么多，并不是想跟大家絮叨我家里的琐事，只因为这是我们中国大多数家庭和女性的缩影。

曾经，我们的女性长辈因为时代的原因，大都选择把自己奉献给家庭而忽略了自己。

如今，我们已经到了一个新的时代，我们姐妹们在为家庭、事业奉献自己的时候，不要忘记了美丽，不要放弃了美好。我觉得，所有的女性，都可以像我的姐姐一样，通过学习和练习重新找到属于自己的优雅和自信。

下一代的女孩子们，她们会更深入地融入全球化的浪潮之中。我们在教育上，除了关注她们对知识的学习，也不要忘记培养她们优雅的气质。

生命是一条河流，它生生不息，经由千百代父母的人生轨迹，带着无尽的爱流向我们。这千百代父母就是我们的祖先，他们经历过战争、灾难、走投无路、流离失所……苦难没有击垮他们坚强的意志，他们坚定地把血脉传承给我们，带着坚强，带着敬畏，带着祝福，带着无尽的爱。

所以我们要深深地感谢我们的父母和祖辈。他们给了我们他们能够给予的一切。其他的就交给我们自己吧，我相信我们每个人都可以经营好自己的人生。

无论你是已经成为或者将要成为家庭的女主人，接下来生命的延续是从你这里开始，你的子孙后代会一直将你的言谈、举止、行为、思想、心灵、仪态、气质，尤其是你身上的精神和情怀等传承下去……不管这些是好的还是不好的，孩子都会有样学样。

其实，每一个女孩都有美丽的梦想，每一个女人都有优雅的权利。但是，曾经高昂的学费，以及遥远的距离，让很多想学习的女性望而却步。

我想通过我的努力去改变这样的现状。我想让优雅与美丽在千百万中国女性身上绽放，我觉得这是我的使命。

抱着这样的信念，我不断地对优雅仪态课程体系进行深度研究和探索，也和我的团队不断地对优雅仪态体系进行研发升级，力图让优雅仪态课程更加与时俱进，更适合华人女性学习。

所以，我把这十多年来的学习心得、教学经验都浓缩在这本书里，希望本书的出版和同步录制的《21 天变身优雅女神》视频课，能帮助更多的女性跨越时间和空间的局限，以最低的成本实现她们想拥有优雅、美丽的愿望。

最后，我祝愿你，祝愿普天之下所有的女性朋友：优雅随身！美好常在！

# 如何使用本书？

## 1. 章节说明

21 天变身优雅女神
从这里开始

**第一阶段：调整你的体态**

- 第 1 天：颈部变优雅
- 第 2 天：肩部变纤薄
- 第 3 天：胸部变秀丽
- 第 4 天：腰部变纤细
- 第 5 天：臀部更完美
- 第 6 天：腿部更修长

**第二阶段：注意你的仪态**

- 第 7 天：站出自信和挺拔
- 第 8 天：坐出高贵和优雅
- 第 9 天：走出风度和气质
- 第 10 天：赢在举手投足间
- 第 11 天：生活日常亦优雅

**第三阶段：学习魅力女性的神态**

- 第 12 天：优雅的笑容
- 第 13 天：灵动的眼神
- 第 14 天：回眸的一笑
- 第 15 天：含羞的媚眼
- 第 16 天：一颦和一笑

**第四阶段：绽放你的生命状态**

- 第 17 天：照相时更上镜
- 第 18 天：餐桌上懂礼仪
- 第 19 天：知礼节有修养
- 第 20 天：上下车显优雅
- 第 21 天：晚宴上有气质

**第五阶段：培养你积极的心态**

- 爱能治愈一切
- 感恩是富足的基础
- 穿越嫉妒
- 懂得同理心
- 我值得拥有

成为女神

## 2. 结构说明

**卫莲说：**

主要是作者的观点，以作者对于该项训练的重要性、常见问题、关键点、训练成效等概述性说明为主。

**查一查：**

主要是不良体态自检，以该项训练常见的误区、现象、问题为阐述重点，让读者通过自我对照，能够知道自己是否也有这些问题。

**学一学：**

主要是知识点分享，以该项训练的核心理念为阐述重点，让读者可以了解该项训练的关键点。

**练一练：**

主要是训练方法，以该项训练的具体操作步骤为重点，图文并茂，让读者可以看得清楚，学得明白。

**记一记：**

即自我管理，以作者当天推荐的精选练习作为持续练习的内容，并将练习次数、练习收获记录在表格内，通过表格记录，让读者能够达到自我管理、持续训练的目的。

**寄语：**

即作者的期望。作者期待读者完成该项训练后美好的样子，希望读者有坚持到底的信心、对未来生活的美好愿景等。

# 开　篇

# OPENING

## 为什么优雅的女人更幸运

古人以“乾坤”比喻男女，认为男人是天，女人是地。大地是爱美的，它用鲜花、绿树、青草来装扮自己，人们爱它，因为它美且精彩，同时还传播希望，所以女人的装扮应该多姿多彩，女人的见识应该更广阔和深刻，毕竟没有谁会喜欢一块贫瘠的土地。

《道德经》第七十六章说：“人之生也柔弱，其死也坚强。草木之生也柔脆，其死也枯槁。故坚强者死之徒；柔弱者生之徒。是以兵强则灭，木强则折。强大处下，柔弱处上。”

这段话的意思是，人在活着的时候，身体是柔软的，死后就会变得僵硬。草木生长的时候柔软脆弱，死了就变得干枯了。所以坚强的东西属于死亡的一类，柔弱的东西属于生存的一类。因此用兵逞强就会遭受灭亡，树木强大就会遭受砍伐。强大的事物，反而居于下位，柔弱的事物，反而占上风。

老子一直推崇柔弱，不提倡坚强，越柔弱的，活得越好。牙齿坚硬，舌头柔软，当我们老去，牙齿掉光了，舌头还在；遇到暴雨大风，小草随风而动，但大树经常被吹断或者连根拔起。这里的“强大处下”不是指贬低自己，而是指放下姿态。

优雅的女人一定是智慧的女人，她不会在跟先生发生矛盾的时候喋喋不休、咄咄逼人，她只是用“四两拨千斤”的方法，就悄无声息地化解了婚姻中的危机。

优雅的女人一定是简单的女人，她不管经历了多少风雨沧桑，不管踩过多少坑，眼神里依然散发出热爱生活的光芒，依然相信爱情，依旧相信世间充满善意。

优雅的女人一定是美丽的女人，她不管多忙多累，都一定会让自己干净清爽，令人赏心悦目。

优雅的女人是柔软而不失力量的女人，当身边的亲人或爱人遇到困难和挫折的时候，她即使再弱小也会挺身而出，呈现女人的勇气和力量。

如果这样优雅的女人不是幸运的，那又会有谁是幸运的呢?

# 优雅女神是什么样子的

2020 年春晚的旗袍舞蹈节目《晨光曲》，舞者们一出场便惊艳了荧屏前的全国观众。

“巧笑倩兮，美目盼兮”，舞者们一颦一笑美得动人心魄。她们像是从《诗经》里走出来的美人，也像是 20 世纪上海老弄堂里走出来的年轻母亲，美得惊艳又接地气。舞者们身着旗袍翩翩起舞，她们舞出了万种风情，也舞出了生活里那种精致的烟火气。很多人惊叹这才是东方女性的气质之美，这才是优雅女神的样子。节目组把小板凳、蒲扇搬上了舞台，舞者们轻轻扇着炉火，一个打盹儿，蒲扇掉到地上……这些细节全都来自生活。正如健康挺拔的体态、优雅高贵的仪态、魅力女性的神态……都是源于生活，又融入生活，服务于生活。

中华文化源远流长，华人女性之美贯穿了中华上下五千年这一段漫长的时间，那种温柔，那种婉约，那种优雅，总能在时光中让世人惊艳。

《美之鉴》曰：“人之美，下美在貌，中美在情，上美在态。以镜为镜，可以观貌；以女人为镜，可以动情；以男人为镜，可以生态。无貌，还可以有情；无情，还可以有态；有态，则上可倾国，下可倾城！”

清代文学家张潮在《幽梦影》中说：“所谓美人者：以花为貌，以鸟为声，以月为神，以柳为态，以玉为骨，以冰雪为肤，以秋水为姿，以诗词为心，吾无间然矣。”

曹植在《洛神赋》中写道：“其形也，翩若惊鸿，婉若游龙。荣曜秋菊，华茂春松。髣髴兮若轻云之蔽月，飘飖兮若流风之回雪。远而望之，皎若太阳升朝霞；迫而察之，灼若芙渠出渌波。”其中“翩若惊鸿，婉若游龙”尤为传神地展现了洛神飘然而至的风姿神韵，给人以轻盈、飘逸、流转、绰约的动感。接着，又“近镜头”地具体描绘洛神的形体、容貌之美：“秾纤得衷，修短合度。肩若削成，腰如约素。延颈秀项，皓质呈露。芳泽无加，铅华弗御。云髻峨峨，修眉联娟。丹唇外朗，皓齿内鲜。明眸善睐，靥辅承权。瑰姿艳逸，仪静体闲。柔情绰态，媚于语言。”

中国文学长河的源头《诗经》有云：“雅者，正也。”所谓“雅言”，指的是标准化、规范化的语言；所谓“雅算”，指的是正确的决策；所谓“雅道”，指的是正道，大道；所谓“雅学”，指的是正道之学……

由此可以看出，在人类悠久的历史长河中，一开始就将“雅”视为最正统的美！

而我们作为现代女性，更应秉承中华女性优良传统美德，传承和守护我们华人女性的优雅之美。

当我们说一位女士很优雅的时候，通常意味着她的言谈、举止、气质、行为、着装、品位，以及与人相处时的态度、修养等，都是美好的。这也是为什么很多人都对优雅的女人有一种本能的欣赏和尊敬。

所以，优雅比漂亮更具有深层含义。

漂亮会让人瞬间被吸引，但这只是短暂的；而优雅是永恒之美，是穿越时空也不会被人遗忘的美丽！

# 优雅女神是怎么炼成的

时间真是一个了不起的魔术师，它可以把一只丑小鸭变成美丽的白天鹅，也可以把一个骄傲的公主变成皱巴巴的老太婆，其实，并非是时间有多大的魔力，你才是真正的魔术师！

每一个女神都是由“1% 的长相 +99% 的修炼”构成的。优雅仪态、服装搭配、化妆发型、礼仪素养、幸福心理学……这些都是必须要学习的课程，一样不可少，每一样就像一颗珍珠，全部串起来才能形成一条精美的项链。优雅女神也是要靠不断学习才能形成的，别人也许第一眼会觉得你的裙子很漂亮、你的气质很好，或者你给人的感觉很舒服……但更多的她们就说不出来了，只有你自己知道你无与伦比的魅力绝不是单一的，而是综合修炼构成的。

人生是一个舞台，也是一个过程，与其扣肩驼背，不如身姿挺拔；与其塌腰挺肚，不如气质优雅；与其野蛮粗鲁，不如柔软豁达；与其做女汉子，不如成为优雅女神。

女神不仅是拥有曼妙身姿和优雅气质的女人，更是爱的化身，她可以美化这个世界，可以温暖和照亮这个世界。女神的力量还可以抚平人间许多冲突，瞬间瓦解这些负能量的爆发，女神的能量还可以治愈众生的创伤，带来包容的和谐之美。

本书将从体态、仪态、神态、生命状态、心态——“态”的五个维度出发，层层递进，一步一步把一个平凡的女性训练得气质非凡，与众不同！它不仅是一个课程，更是一套全方位支持女性修炼气质和增长优雅智慧的成长体系！

# 健康挺拔的体态

体态，是态的基础。

我们要把“扣肩驼背”变得健康挺拔，要把“松弛下垂”变得紧致向上，修炼正确的体态就像吃饭、睡觉一样，是每个人的日常活动，更是优雅仪态的基石。

扣肩驼背比正常站立带给身体的压力更大，不正确的体态会让身体承受的压力成倍增长，它会影响身体健康，导致身材变形，还会影响一个人的气质，而最美的体态是由最小的压力和最均衡的力量形成的。

所以，体态不仅关乎美，更关乎健康。本篇针对身体的关键部位进行科学的形体训练，动作简单、实用，能有效地减去身上多余的脂肪，雕琢你的美丽曲线，让身体更加健康！

CHAPTER 1

# 第 1 天　玉颈生香——5 招让你的颈部变优雅

Day 1

## 卫莲说：脖子不美，气质全毁

脖子不美，气质全毁。颈部是决定一个人气质的关键点。事实上，颈部是最能体现女性美的部位，也非常容易暴露女性的真实年龄。

很多男士跟我说，看一位女性的气质是否优雅，他们第一眼会看这位女性的脖子，拥有如天鹅颈般修长、挺拔、优雅的脖颈儿，这位女性才可能和优雅沾边。

多少诗人、舞蹈把美丽的女性颈部喻为天鹅颈。《天鹅湖》里那优美的旋律、美丽的身影已经深深地刻在很多人的心里。舞者们如天鹅颈般修长的美颈，也让人赞叹。

早在远古时代，人类就深谙其道理，懂得用野兽骨头等材料做成首饰，戴在脖子上吸引别人的目光。现代女性很喜欢买项链来装饰自己的脖子，商家设计各种款型的项链也是为了突出女性优美的颈部曲线。

我们在展示颈部时不要只注重前面的部分，要让别人从前、后、左、右不同的角度看到的你的颈部都是美的！

## 查一查：你是否有这些常见的颈部问题

脖子前伸、缩脖、不正确的后仰、低头有双下巴、转头有颈纹等都是比较常见的颈部问题。

●脖子前伸：日常生活中，有些行为经常要脖子受力。例如使用电脑、用餐等，很多人会有脖子前伸的习惯。但是，脖子前伸这个动作，往往会导致不良的后果。

因为长时间低头，本来肌肉不多的脖子，就需要韧带帮忙一起“拉住”头部，韧带就会增厚和增生。这样一来，颈部后侧肌肉就会增生、增厚。因此，长时间低头，项韧带会变得越来越厚，甚至出现小的骨头（籽骨），当你用手摸脖子后面感觉里面有异物时，它就是项韧带长期劳损出现结节后的钙化骨化点。若脖子长期得不到放松，就会对健康产生严重危害。

●脖子后仰：有些人经常会保持很松懈的坐姿，颈部后仰，颈部后面就会出现很深的颈纹，脂肪在颈和肩的交界处堆积，出现一个大肉团。这个大肉团虽然叫“富贵包”，却有可能是心脑血管疾病的征兆，大家千万不能忽视。

关于富贵包，可分为三种，分别是骨包、肉包、骨肉包。

（1）骨包突出一团，用手摸，感觉皮薄薄的，里面是骨头，没有肉。骨包有两种情况：一是颈椎第 7 节椎体向后膨出；二是第 6 节以上的椎体向前下陷。这两种情况都是椎体移位造成的。动作训练会有效果，但恢复时间长一些。

（2）肉包突出一团，用手摸，感觉基本都是肉。会出现这种情况是因为体内循环不好，只要体内循环得到改善，肉包就会迅速变小。

（3）骨肉包突出一团，用手摸，感觉有骨头也有肉。这种情况通过训练达到的效果介于骨包和肉包之间。

●低头不当：现在很多人经常低头伏案书写，事实上每向前低头15°，头部带给身体的压力就会增加两倍。因此，长期低头不当，颈部很容易出现皮肤松弛问题，进而形成双下巴——两腮线条模糊，与颈部出现连肉。而且，双下巴会让人显得苍老，整个人看上去至少比同龄人显老5岁。

## 学一学：如何找到颈部最优美的曲线

人体是有重力线的，颈部需要支撑我们这颗充满智慧的脑袋，而很多人由于颈部没有正确归位，没有立起来，脑袋就直接软趴趴地“掉”在肩膀上了。保持这种错误的颈部姿态，时间久了就会得颈椎病。

正确的颈部姿态，不仅可以让你看上去很有气质，还能预防一百多种相关疾病。所以通过正确练习，把脖子从肩膀里面“拉”起来，回到健康的中立位，这一点显得非常重要。

●如何找到颈部最优美的曲线?

（1）从侧面看，耳、颈、肩部、手臂、腿都在一条线上，想象在头顶的百会穴处有根绳子拽着自己，整体向上，让整个人挺起来。

（2）当把颈部“拉”起来时，我们在脖子与锁骨间能看到有个小坑。这里的“拉”起来，是指提拉两耳之后的颈部位置，而不是提拉两耳前面的颈部位置。颈部前面的位置是要放松的，如果这部分被“拉”起来就会出现很明显的青筋，很难看。从两耳之后的位置向上拉起来时用手摸一下颈部，能够感受到肌肉是紧张的。如果该位置没有被“拉”起来，肌肉就是软趴趴的。

（3）转头没有颈纹。如果颈部没有被完全“拉”起来，转头会看见颈部有很多颈纹，颈部被“拉”起来再转头是看不见颈纹的，整个颈部的肌肤会显得很光滑。下巴要在水平线上转动，若是高于水平线或低于水平线转动仍然会有颈纹！

你可以找一本 A4 纸大小的杂志，然后将其水平放在下巴的位置，让下巴沿着杂志分别向左和向右转动。如果向左转动，让下巴在水平面上尽量去找左边的肩膀，此时右侧的颈部肌肤就会被拉得很紧。反之亦然。颈部没被“拉”起来就会有双下巴，颈部被“拉”起来后从下巴到颈部的线条就会很美。

（4）抛物线原理。在两耳向中间连线的位置，有一个穴位叫作百会穴。想象一下，在百会穴处有一根绳子拉着你向上，你整个人就会显得很挺拔。不管你是低头、仰头、转头，还是点头、躬、行欠身礼，都要先想象百会穴处的这根绳子将你向上拉到最高点，把脖子先“拉”起来，再做相应的动作；正如抛物线，一定是在到达最高点时才往下抛，而不是在中途就往下抛。再想象一下，你头上正戴着一个精美的皇冠，每次在抛物线的最高点处，也就是把脖子“拉”起来时，才是你最美的时刻，才能显现出戴着皇冠的高贵感。

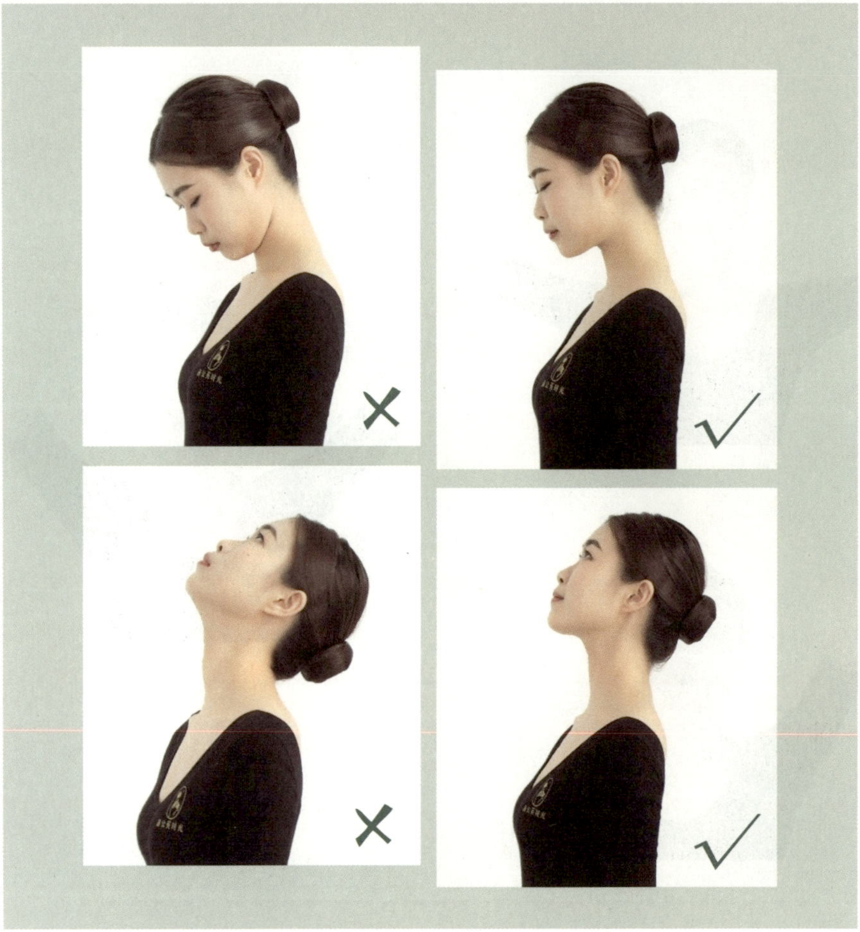

（5）支撑和拉伸的关系。当你了解了抛物线原理后，支撑与拉伸的关系也就容易理解了。做任何颈部动作时，都要把脖子先立起来，支撑起我们这颗“高贵”的脑袋。例如，当你低头时，应该是脖子前面有支撑，脖子后面有拉伸感，如果脖子前面没有支撑，就容易有双下巴；当你仰头时，应该是脖子后面有支撑，脖子前面有拉伸感，否则脖子软趴趴，脑袋很重地“砸”下去，不仅看起来没气质，还会增加得颈椎病的风险。

## 练一练：5 组动作让你玉颈生香

颈部是最容易暴露女性真实年龄的部位之一。我们除了要学会颈部正确的姿态和找准颈部提拉的正确感觉之外，还要做一些颈部练习来强化效果。这组颈部练习，可以很好地改善双下巴、增加颈部皮肤的弹性，消除颈部后面的肉团，对颈椎病有良好的缓解作用。

预备动作：把脖子“拉”起来，把肩打开，腰背挺直，感觉自己后侧的发际线向上延伸。

●练习 1：左右转头。下巴保持水平，头转向左侧，右边的颈部肌肤可以得到拉伸，左边没有颈纹；反方向同理。

●练习 2：低头、仰头。当你低头时，要让下巴去找锁骨而不是去贴锁骨，如果是贴锁骨就会有颈纹和双下巴。同理，仰头时要注意只拉伸颈部前侧，而不是让后脑勺无节制地“掉”下去。有颈椎病的人最好不要做头部向后悬空的动作。动作做正确时，对颈椎不适有很好的缓解作用。

●练习 3：画“V”字。在颈部后侧保持支撑感的同时，用下巴画“V”字。左侧或右侧斜前方的肌肉有一种紧紧的感觉。

●练习 4：左耳找左肩，右耳找右肩。练习此动作时要注意双肩齐平，面部始终朝向正前方。

●练习 5：兜下巴画“C”字。下嘴唇包住上嘴唇，让颈部皮肤有拉紧的感觉，以下颌带动头颈由上往下画“C”字。每组 10 次，脖子尽量往上、往前画“C”字。

*注意：

（1）若有颈椎病，需要注意两点：头部不能绕圈、不能悬空。

（2）若转头时感到头晕，可能有以下原因：①低血糖。②颈椎不稳定。③压迫到神经血管。脖子后仰有颈纹时，椎管里的神经、血管、脊髓，会被压迫到，就比如出水的管子，稍微弯一下还可以出水，如果对折，水肯定出不来。④没有按照上述动作标准练习。

## 记一记：练习不可少　坚持很重要

今天的重点练习动作是兜下巴画“C”字。

兜下巴画“C”字，这个动作是颈部练习中非常实用、效果最好的一个动作，它可以让你排出脸部的毒素和多余的水分，让你的脸变得更清秀。

只要每天早晚正确练习各 30 次，连续练习 21 天，你会惊喜地发现，脸部轮廓越来越清晰，颈部线条越来越漂亮了。

记住，颈部的所有练习动作都一定要在“拉”起脖子的基础上完成哦！

**每日打卡（1）**

| 天数 | 第1天 | 第2天 | 第3天 | 第4天 | 第5天 | 第6天 | 第7天 | 第8天 | 第9天 | 第10天 | 第11天 | 第12天 | 第13天 | 第14天 | 第15天 | 第16天 | 第17天 | 第18天 | 第19天 | 第20天 | 第21天 |
|---|---|---|---|---|---|---|---|---|---|---|---|---|---|---|---|---|---|---|---|---|---|
| 练习次数 | | | | | | | | | | | | | | | | | | | | | |
| 练习收获 | | | | | | | | | | | | | | | | | | | | | |

## 寄语

一朵花枯萎的时候头会先耷拉下来，人沮丧的时候脑袋会先垂下来，垂头丧气，毫无生气。所以将脖子“拉”起来非常重要，因为牵一发而动全身。

美国超级名模泰拉在她参加的节目《全美超模大赛》中一再提醒选手们：“露出你的脖子。”这是因为，女人的颈部是女人最能展示风情的部位。

常言道：“人的自信，从眼睛里找，人的高贵，从颈上寻。”优雅的女人每天保持将自己的颈部向上伸展的姿势。

请记得，时刻把自己想象成一只美丽的天鹅，保持优雅高贵的姿态！

# 第 2 天　香肩秀色——5 招让你的肩部变纤薄

Day 2

## 卫莲说：关键支点，影响全面

肩部是一个人身形的平衡支撑位，宛如一个天平的两端，会影响到前胸和后背的姿态。

不知道你有没有经历过这些情况：明明自己五官清秀、身材匀称，可因为扣肩驼背，年纪轻轻的，就老态尽显；当你忍痛买了一件大品牌的衣服，却因为虎背熊腰、“肥肉”四溢，不知怎么就穿出了滑稽的廉价感；自己经常会被人戳背提醒“抬头挺胸”，不到 3 分钟又会打回原形；本以为是小事，但偶尔被人拍进照片，才尴尬于自己有种说不出的难堪。

美不等于有气质，但有气质一定等于美。记得一个男性朋友说过一句话：这年头，脸可以整容，但气质却整不来。要判断一个女人有没有气质，就要看她的美人“金三角”。哪三角呢？就是香肩、美背、天鹅颈。练成天鹅颈的方法我们在前面学习了，接下来就要学习如何拥有香肩和美背了。

## 查一查：你是否有这些常见的肩部问题

●扣肩：这样会导致胸部下垂，而胸部每下垂 1 厘米，就会向外扩散，胸部的线条就不漂亮了，把肩打开是防止胸部下垂的最好方法。

很多女生在发育的时候因为不好意思让别人发现，走路时总是想把自己缩起来，尤其是个子高的女孩子，久而久之就形成了扣肩、含胸的习惯。

扣肩导致的后背弓起，容易让多余的脂肪堆积，即使你本身并不胖，在视觉上也会显得虎背熊腰、钝钝的，失去了女性灵秀的感觉。

特别要指出的是，扣肩严重的人容易得乳腺增生。当胸大肌的筋膜变紧时，毛细血管会受到挤压，影响体内循环，胸椎段相关的神经受到压迫，加上心情不好和晚睡等因素，就容易得乳腺增生。

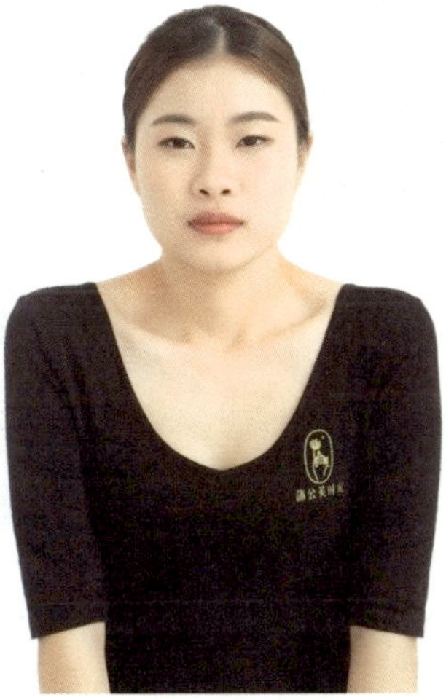

●耸肩：伴随着扣肩，通常还会有耸肩的现象，扣肩是肩膀往前，耸肩是肩膀往上，扣肩 + 耸肩，不仅显得人脖子短、背很厚、没气质，还会给人不自信的感觉。

著名脱口秀主持人金星曾经在电视节目里特别说过："随着年龄增长，最明显看人老，就是年龄从后边慢慢爬上来。"要想显年轻，肩一定要打开和下沉。所以扣肩、耸肩的人，看上去会比同龄人至少显老 5~10 岁。颈肩的距离越短，就会越显老、越没气质。

●高低肩：当人站立时，正常的两侧肩部应该在一条水平线上，但有一些人却是一边肩膀高，另一边肩膀低，这多与骨骼有关，比如脊柱侧弯、骨盆倾斜等会导致高低肩。

高低肩也与肌肉有关，比如常年的习惯性姿势，像习惯背单肩包，并且总是使用同一侧肩膀背包，不经常换或根本不换肩膀，导致一侧的颈部和肩部的肌肉力量比较强，得到的锻炼比较多，从而使这一侧的肩部肌肉更加发达，久而久之就变成了高低肩。

很多学生写作业的姿势都是错误的，有的人喜欢趴着，有的人只将右手放在桌子上，左手则垂下来，长期下来，右肩就会越来越高，从而形成高低肩。上班族天天对着电脑工作，右手由于需要握鼠标，会比左手用更多力，时间久了，也容易形成高低肩。

## 学一学：双肩怎样打开才正确

×

√

一看肩膀（从正面看）：如果打开正确，双肩是下沉齐平的，显得人优雅、自信。注意肩膀打开的时候要尽量放松，向下沉，颈部是被向上“拉”起来的，这样从颈到肩的线条会特别的修长、流畅和优美。如果打开错误，会向上耸肩、向内扣肩、既向上耸肩又向内扣肩，脖子显得很短，整个人显得不自信，很有年龄感。

×

√

二看虎口（从正面看）：如果打开正确，虎口是正对前方的。如果打开错误，双手手背朝前方，虎口是向内扣的，肩也是扣着的。

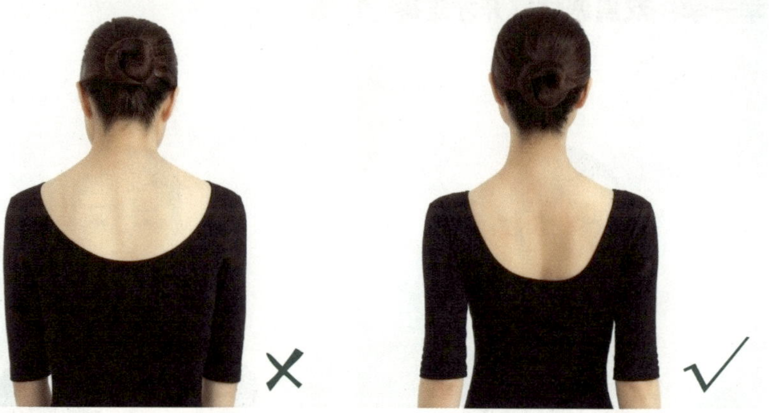

三看后背(从后面看):如果打开正确，背看起来会很薄、很平，显年轻。如果打开错误，肩胛骨呈翼状，肩宽、背厚，显得人虎背熊腰。

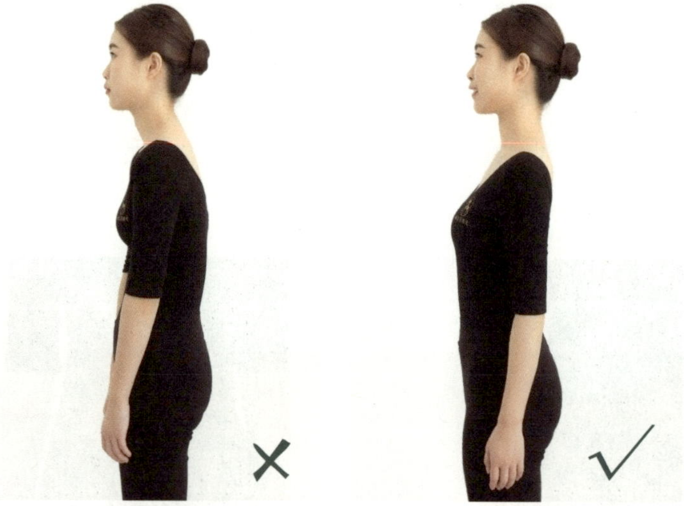

四看手臂(从侧面看):如果打开正确，从侧面看只能看到手臂而看不到后背。胸部上挺，显得人挺拔。如果打开错误，既能看到手臂又能看到后背，胸部就容易下垂并且背部会显得很厚。

五看其他：肩打得太开也是不对的，过犹不及。正常的打开方式应该是当双肩打开时是“前平后平”状态。自己舒服，别人看着也舒服。双肩打开，胸部就会自然上提。

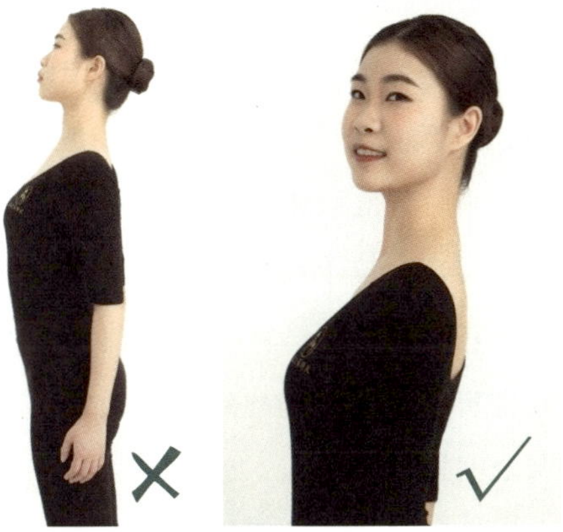

## 练一练：5 招让你的双肩纤薄又舒展

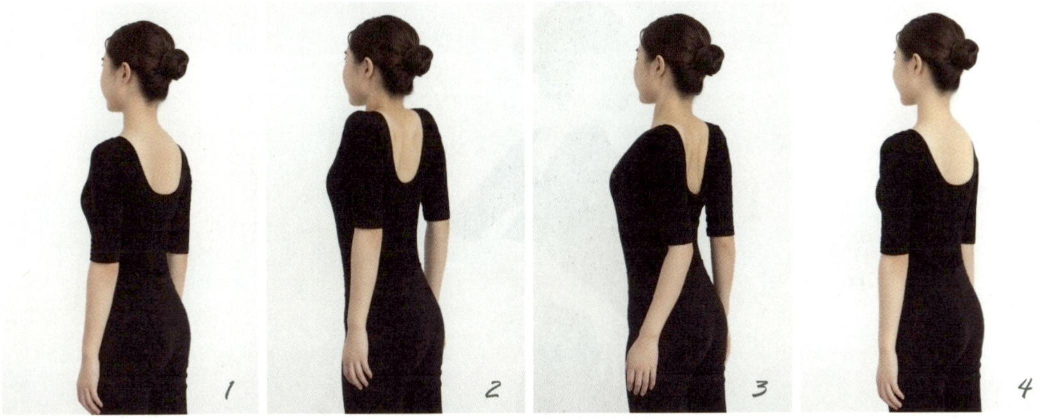


●练习 1：双肩后转。双肩后转是指由肩带动手臂像齿轮一样转起来，肩主动发力，手臂自然放松和被动发力，以肩背的肌肉能夹出“川”字为准。这个动作可能大家以前做过，但做不到位，只是活动关节。做到位了，才能起到削减肩背多余脂肪的效果。

看似轻松的动作，当你做到位的时候，肌肉会有酸酸的感觉，做不到位则没什么感觉，这就是做到位与没有做到位的区别。

从后背上来讲，膏肓穴是一个很重要的穴位，它位于两个肩胛骨的中间，是很不容易活动到的一个穴位。我们常说的“病入膏肓”就是指病已经很严重了。膏肓穴有个很重要的特点，就是全身的病特别是上半身的病，大都跟膏肓穴有着密切的关系。往后使劲挤压肩胛骨的时候，实际上就是在挤压膏肓穴，这是个养生的妙法。

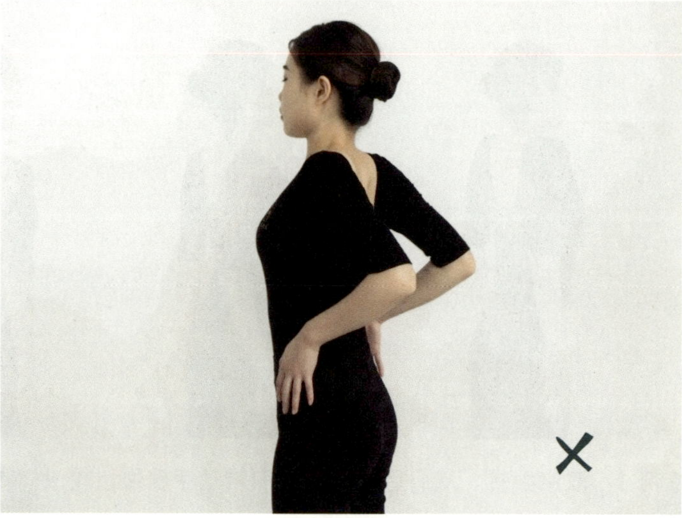

这里很多人容易犯一个错误，就是脖子前伸，肘关节用劲，这一点要特别注意哦！

●练习 2：双肩向前，手腕相碰。双手手腕在体前相碰，感觉后背有扩张感。然后双手向后打开，双手反翘，找到扩胸、后背肩胛骨相碰的感觉。

●练习 3：双手十指相扣，在背后相握。肩部应该是人体最灵活的部位之一，这个动作可以测试你的肩部周围肌肉的灵活性和柔韧性。注意肩部是向后、向下延伸的，同时记得提拉脖子。

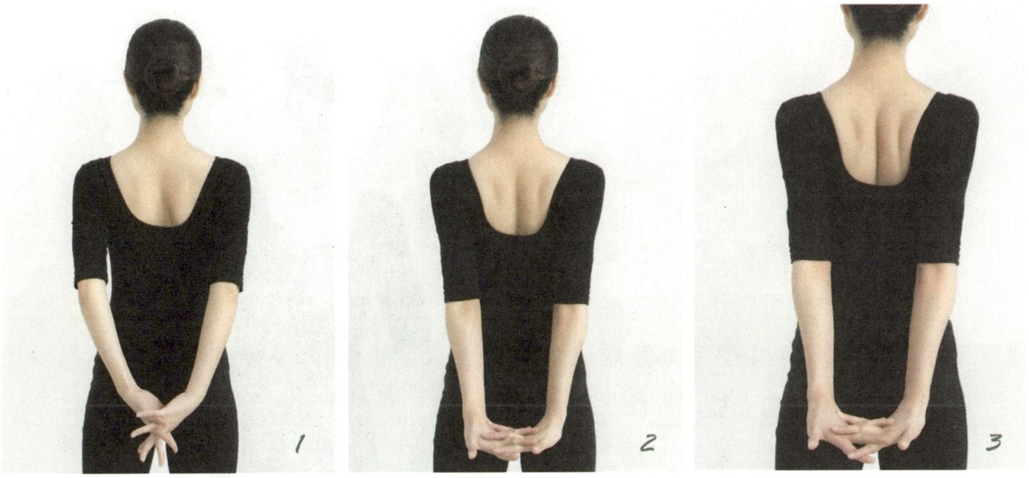

●练习 4：撕肩。这个动作的主要作用是深度开肩，拉伸胸廓肌，帮助肩部肌肉及韧带复位。双臂在身体两侧打开，与肩同高，保持肩部下沉，五指用力张开，掌心朝前，保持核心稳定，双脚打开与肩同宽，感觉前面胸腔打开，后背出现“川”字。

●练习 5：提肩、沉肩、单肩上提。这个动作可以让肩更灵动。双手下垂于身体两侧，手掌反翘成 90°，左肩发力向上提，去找左耳或下巴（当头微侧时，提肩找下巴），下沉时找掌根压地面的感觉。反方向同理。

双肩下沉可以显得你端庄、大方，而单肩上提就会显得你性感妩媚，有女人味。但双肩同时上提就是耸肩，就难看了。

女性要懂得在不同的场合展示自己不同的魅力，双肩舒展下沉给人高贵、挺拔的感觉，而单肩上提，再配合头部动作和神态，又会给人一种性感妩媚的感觉。

在超市里拿货架上面的东西、坐飞机时把自己的包放在行李架上、去花园里摘花、去果园里摘水果、低头伏案书写、用电脑、上楼梯等，每时每刻，都要记得肩部下沉哦。

*注意：千万不要双肩上提哦！

## 记一记：练习不可少　坚持很重要

今天的重点练习动作是双肩后转。

双肩后转，这个动作可以很好地削减肩背多余的脂肪，让肩背变得很薄。

每天早晚正确练习各 30 次，连续练习 21 天，你会发现自己的肩背由笨重壮实变得纤薄灵秀，轻松拥有少女背，魅力触手可及。

**每日打卡（2）**

| 天数 | 第1天 | 第2天 | 第3天 | 第4天 | 第5天 | 第6天 | 第7天 | 第8天 | 第9天 | 第10天 | 第11天 | 第12天 | 第13天 | 第14天 | 第15天 | 第16天 | 第17天 | 第18天 | 第19天 | 第20天 | 第21天 |
|---|---|---|---|---|---|---|---|---|---|---|---|---|---|---|---|---|---|---|---|---|---|
| 练习次数 | | | | | | | | | | | | | | | | | | | | | |
| 练习收获 | | | | | | | | | | | | | | | | | | | | | |

## 寄语

从肩膀开始，我们要放下不该自己承担的东西。

你的肩膀，是宽厚的还是纤薄的？是笨重的还是灵秀的？前后左右动动自己的肩膀，是僵硬的还是灵活的？是扣肩驼背严重还是非常舒展？

心理学上说，身心是属于同一个系统的。心情紧绷，肢体语言就会僵硬，心情放松，肢体语言也会相应柔软。所以，放下吧，把你肩上的重担放下吧，把不属于你的责任交还给别人，那是你对自己的爱，也是对别人的负责。

放下重担，不仅可以让你的肩部更加纤薄灵秀，还能让你的人生更加美好轻盈。

# 第 3 天　曼妙美胸——3 招让你的胸部变秀丽

Day 3

## 卫莲说：做女人挺好

有句广告语说：做女人挺好。这可谓一语双关啊。

我理解的第一个“挺好”是生活在这个时代挺好。对于一个女人来说，我们生活在历史上最美好的一个时代，生活在中国这样一个倡导男女平等的国家，有很多自由的选择，能被男士们尊重，也被很多无法拥有这些自由的其他国家的女性羡慕。

第二个“挺好”，当然是指胸部要挺起来了。如果经常含胸驼背，胸部就会下垂，而每下垂 1 厘米，胸部就会向外扩散，胸部的线条就不漂亮了。事实上，双肩后展，胸部就会自然挺起，养成挺胸的习惯就是防止胸部下垂的最好方法。

## 查一查：常见的胸部问题

胸部的美观对于一个女人来说非常重要，挺拔丰满的胸部，不仅能让女性身材的线条看上去美丽动人，还能提高女性内在的自信。

当女性生完孩子，哺乳期结束后，产后荷尔蒙变化会造成乳腺萎缩，或者本来很胖突然变瘦……就会出现很多胸部问题：胸部下垂、胸部松弛、胸部扁平等。

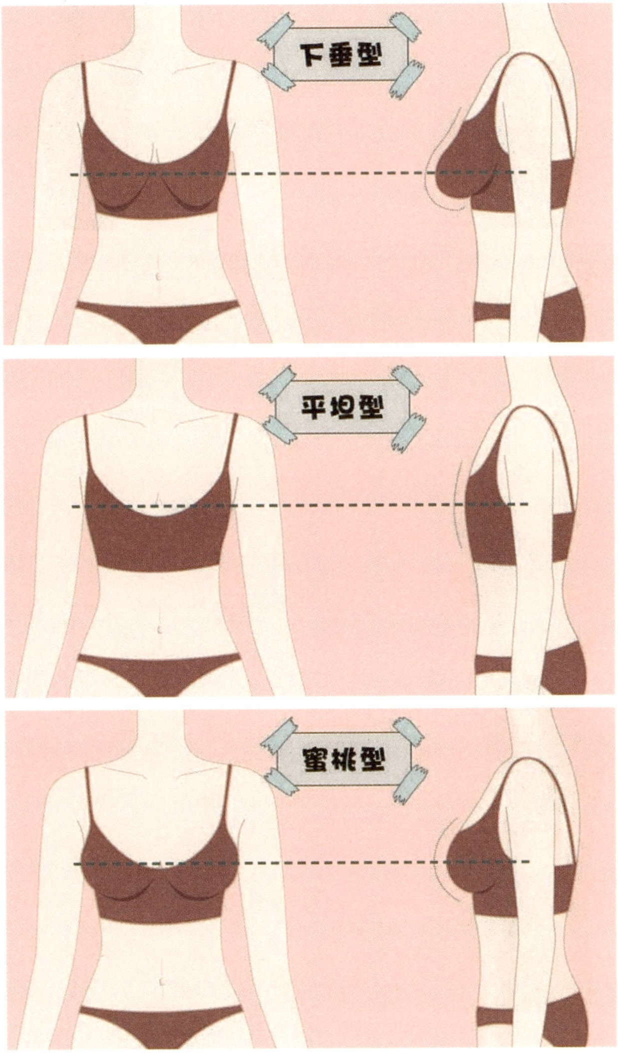

## 学一学：胸部变美的小妙招

●挺胸的正确方向：我们经常说挺胸收腹，但很多人误解了挺胸的方向。挺胸时，胸部不是往前挺的，而是向上提的。往前挺胸时，胸椎就会用力向前挺，时间久了，胸腰的位置就会酸痛。正确的挺胸方法应该是，胸椎一节一节向上立起来，胸部会自然向上。

●胸部的最高点：胸部的最高点应该是在上臂的约二分之一处。你要经常检查一下，看自己胸部的最高点是否处在最佳的位置。

●穿内衣的正确方法。

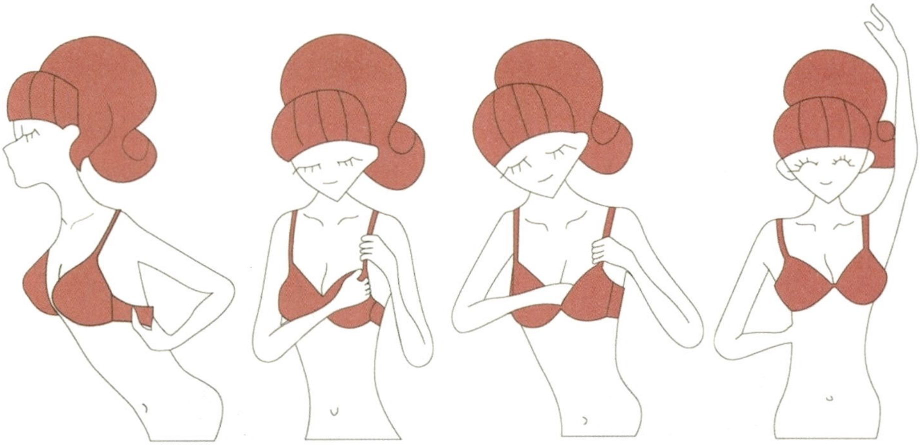


步骤 1：上半身向前倾斜 45° ，手穿过肩带，让肩带挂在肩上。

*注意：如果是直挺着站着穿内衣，很难将乳房全部放入罩杯中，最后形成错误穿戴方式，使乳房变形。

步骤 2：调整肩带，然后抬头挺胸，将肩带调整到自己觉得最舒服的位置。对于普通体形的人，肩带应该在距离罩杯约 3 厘米的位置。这是最能够呈现自然曲线的地方。

步骤 3：扣上后扣，收纳边肉。保持上半身前倾的姿势，扣上后扣，然后将乳房放入罩杯中。接下来将乳房底下的余肉往中间收拢，然后是腋下部分，最后是上边，这样才可使乳房呈丰满状。

步骤 4： 最后再检查一下，动动肩膀、抬手看看肩带是否会脱落？乳房是否已被放在罩杯的正中央？胸罩中心点是否平顺？腋下赘肉是否已被收纳进罩杯？肩带是否呈水平状态？

## 练一练：3 组动作让你的胸部更漂亮

●练习 1：提肩加转肘，两臂夹着胸部的外侧及副乳往中间集中、往上提。如果做到位，低头可以看见自己有很明显的乳沟。这组胸部运动能让胸部集中、上挺，增加胸部的弹性，防止胸部下垂。

●练习 2：双手直接上举，在保持身体稳定和手臂伸直的同时，从前往耳后的方向拉伸，也能很好地提升胸部并帮助胸部淋巴及腋窝淋巴排毒。

●练习 3：手臂和胸部紧密相连，手臂的训练，对于显现胸部的美，也很有帮助。

有两个容易暴露女性真实年龄的部位，其中一个就是上臂，它是很容易松弛的地方，所以要经常锻炼。“拜拜肉”是很多女性的苦恼，特别是到了夏天，不敢穿无袖的衣服，也不敢照相，因为一照相就会无法直视自己粗壮的手臂。

下面这组动作可以很好地减去上臂的“拜拜肉”，恢复上臂肌肉的弹性。动作分解如下：

（1）手腕向后转（即掌心向上转），转到尽头时中指用劲，这是在锻炼上臂下面的肌肉。中指用劲，尽量向远处拉伸，同时掌心朝后。利用中指带动手腕。做到位时，上臂会发热。利用大臂带动小臂再带动手掌转动更容易发力。

（2）手腕向前转（即掌心向下转），转到尽头时中指用劲，可以拉扯上臂上面的肌肉。

*注意：转的时候不用劲，转到尽头时中指再用劲，做完之后上臂有酸酸胀胀的感觉才算做到位。

## 记一记：练习不可少 坚持很重要

今天的重点练习动作是双手直接上举，从前往耳后的方向拉伸。

在保持身体稳定和双手手臂伸直举过头顶的同时，从前往耳后的方向拉伸。

只要每天早晚正确练习各 30 次，连续练习 21 天，你会惊喜地发现，不仅胸部更漂亮，连小肚子也不见了。

记住，身体一定要保持稳定，不要前后晃动哦！

**每日打卡（3）**

| 天数 | 第1天 | 第2天 | 第3天 | 第4天 | 第5天 | 第6天 | 第7天 | 第8天 | 第9天 | 第10天 | 第11天 | 第12天 | 第13天 | 第14天 | 第15天 | 第16天 | 第17天 | 第18天 | 第19天 | 第20天 | 第21天 |
|---|---|---|---|---|---|---|---|---|---|---|---|---|---|---|---|---|---|---|---|---|---|
| 练习次数 | | | | | | | | | | | | | | | | | | | | | |
| 练习收获 | | | | | | | | | | | | | | | | | | | | | |

## 寄语

有些女性本来有乳腺增生，经过一段时间胸部的组合练习，再去医院检查的时候惊讶地发现，乳腺增生已经没有了。

这是因为淋巴系统遍布全身，在颈部、腋窝比较密集，所以如果经常训练这些部位，有助于加速淋巴液的流动，提升免疫力。

每个女人都希望拥有傲人的双胸。要想保持乳房的丰满，可以适量吃鱼、肉和乳制品，保证身体所需的脂肪供给量。同时也多吃富含维生素的食物，如新鲜蔬菜、水果等。维生素 A（代表食物：胡萝卜等）、维生素 B（代表食物：牛肉、牛奶、猪肝等）有助于雌激素的合成；维生素 E（代表食物：大豆等）可促进和完善卵巢发育，增加雌激素分泌量，刺激乳房发育，防止胸部变形。

# 第4天　楚腰纤细——4招让你的腰部变纤细

## 卫莲说：腰是女人好身材的最后一块阵地

好身材是女人都渴望拥有的，而腰是女人好身材的最后一块阵地。

为什么我们的腰、腹、臀部这么容易堆积脂肪呢？因为很多人站没站相，坐没坐相。古人说，站如松，坐如钟。但很多人是站如泥，坐如泥。

特别是坐，很多人直接就是“瘫”在椅子上，完全松懈下来，再加上地球引力的缘故，多余的脂肪就很容易堆积在我们的腰、腹、臀部，导致身材变形！

## 查一查：常见腰部问题的原因

●骨盆后倾：生活中是否有很多人的形态是塌腰挺肚子？塌腰会导致臀部下垂、大腿外扩变粗。臀部下垂，腿就会显得更短，大腿也会变粗。

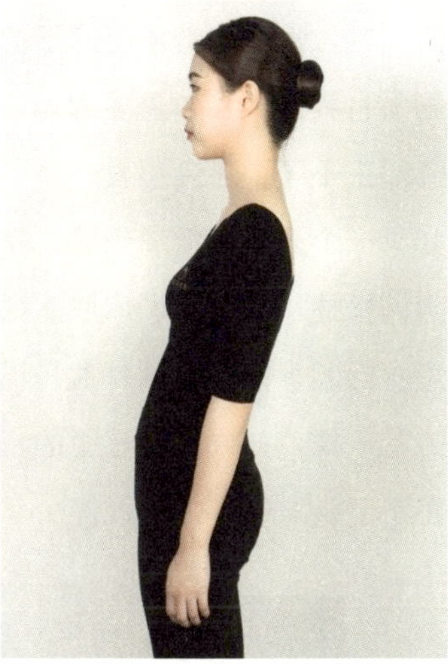

有些人穿紧身裤的时候，腰部两边会挤出两块肉，这两块大腿外扩形成的肉特别明显，这些人慢慢就会形成梨形身材。事实上，亚洲人相比于欧洲人和非洲人，下半身本来就显得短，如果臀部下垂，臀线降低，就会显得更矮，身材比例很不协调。

●骨盆前倾：有些女孩子侧面看起来臀部特别翘，腰部后面弯曲度特别大，也许她们是想让身材的 S 曲线更明显一些，但这个动作是很危险的！

肚子挺出去不说，如果你的核心力量（腰、腹、下背部肌肉的力量）也不足，只能动用下背部肌肉力量来稳定体态，导致下背部持续紧张，腰椎也由此承受了过大的压力，从而使腰背出现问题。

●骨盆侧倾：会导致长短腿、高低肩等问题。

在减掉腰腹部多余的脂肪之前，我们先来让骨盆归位。腰部的问题基本上都是骨盆的问题，骨盆起着承上启下的作用，在骨盆里面有我们身体中重要的器官，骨盆不正，哪都正不了，还会引发一系列的妇科疾病。如果一个人有高低肩问题，就应先调骨盆，再调脊柱，最后才调肩膀。如果一个人有长短腿问题，就应先调骨盆，再调腿。就像一盆花一样，如果花盆是歪的，上面的花肯定正不了。

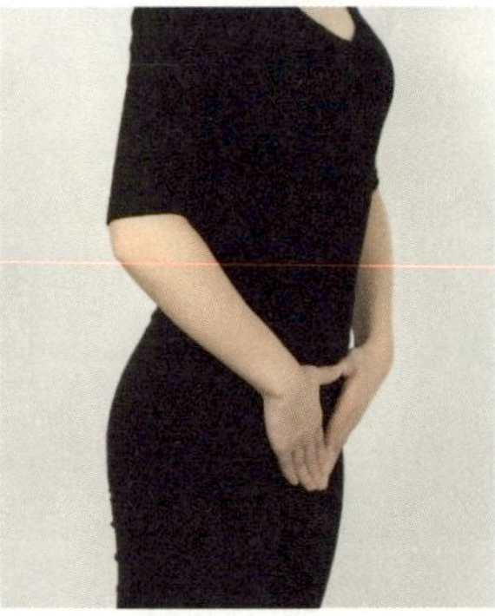

骨盆的正确位置：双手叉腰向下，卡在腰的位置，顺着髋骨滑下来找到突起的位置，即髂前上棘，将大拇指的掌根放在这个位置，大拇指是横的，双手指尖放在耻骨联合的位置，形成一个三角形。站立时这个三角形正常应该是垂直于地面。

如果你低头第一眼看到的是大拇指，则说明你骨盆前倾；如果第一眼看到的是中指，则说明你骨盆后倾。

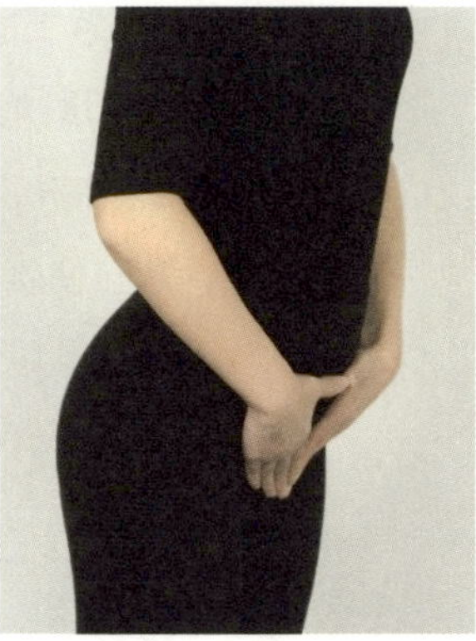

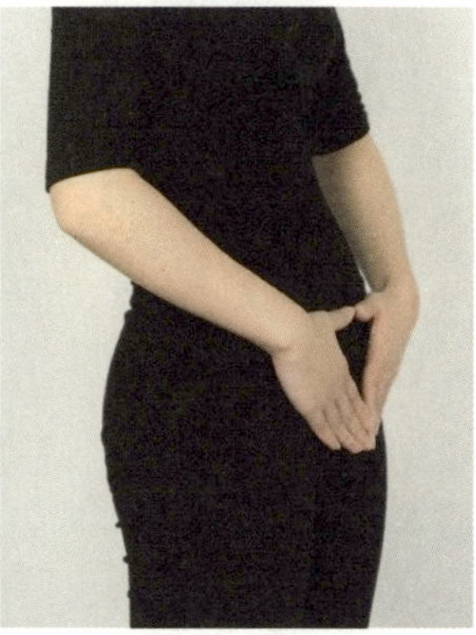

## 学一学：塌腰撅臀的调整方法

骨盆口朝前叫骨盆前倾；骨盆口朝后叫骨盆后倾；垂直于地面，平行于水平面，为骨盆正位。但只有相对正位，没有绝对正位。骨盆前倾的明显表现是：向前塌腰，翘臀。使用“九点背靠墙”法站立时，腰曲过大。骨盆后倾的明显表现是：向后塌腰，挺肚。后腰是平的，臀部是扁的。使用“九点背靠墙”法站立时，腰曲过小。

当骨盆归位，腰立起来时，臀部就会自然上提，也容易收紧。

如果你是骨盆前倾，可以用以下两种方式来调整：

（1）坐在垫子上，确保坐骨在垫子上，腰背立直，双腿并拢伸直，尽你所能用双手去抓自己的脚踝。此动作腰椎不适者禁做，跟随专业老师练习除外。

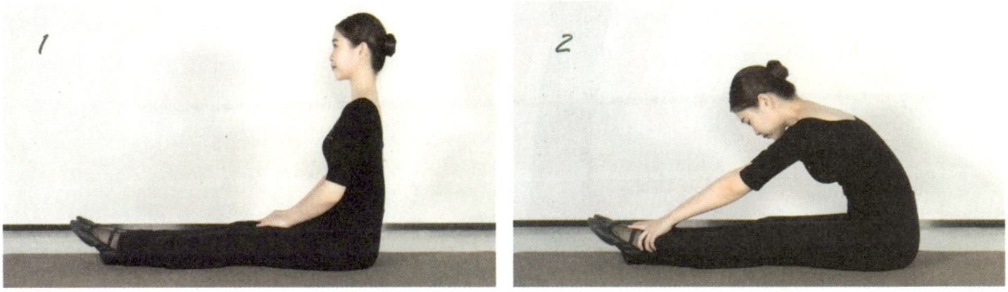


（2）也可以用“九点背靠墙”的方式来调整。站立时结合呼吸，随每次吸气让肚脐找命门穴位置；当采用“九点背靠墙”的方式时，你的两根手指的宽度为你的正常腰曲。腰曲越大，风险越高。

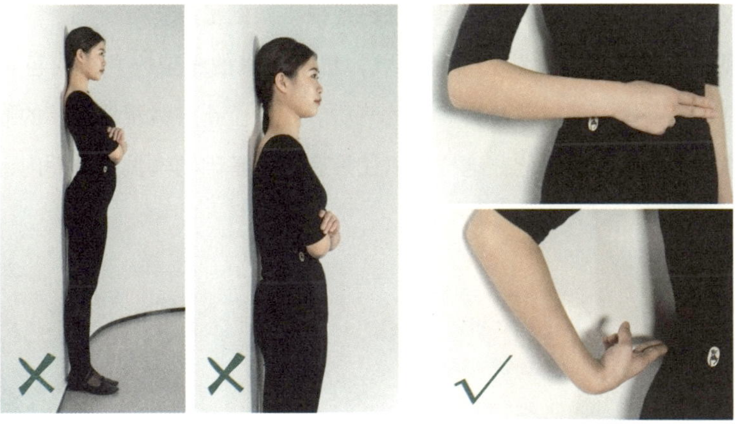

如果你是骨盆后倾，可以用站一位（具体方法看“练一练：4 组训练让你的腰腹变纤细”）的方式来调整。骨盆后倾的明显表现是向后塌腰，挺肚，而我们借鉴芭蕾舞基本功练习“站一位”，能很好地帮你找到立腰提臀的感觉。

大家知道学芭蕾舞是最能提升女性气质的，但我问过很多成年女性，如果让大家现在去学芭蕾舞是否愿意，很多人摇头。是的，那种劈叉劈成一字、踢腿踢到头顶的动作，很多成年女性已经很难做到了。

现在很多家长送女儿去学芭蕾舞，也不是真的希望她能成为芭蕾舞演员，只是希望她能拥有芭蕾舞演员的气质。我们“新·优雅仪态”的形体课就是把复杂的东西简单化，这样可以让没有任何基础的学员在短期内迅速提升气质。

## 练一练：4 组训练让你的腰腹变纤细

●练习 1：立腰提臀。

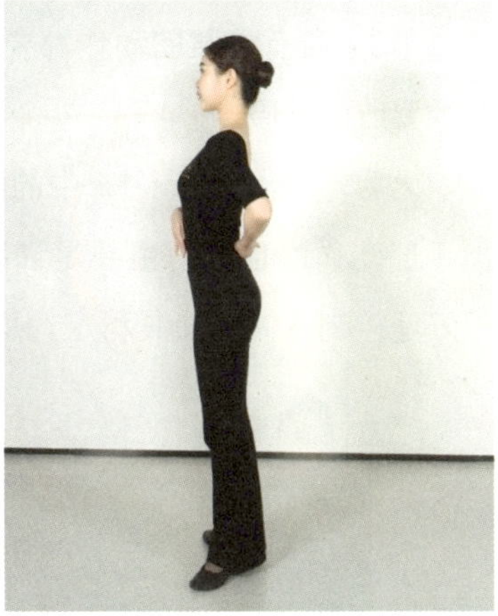

站一位：双脚打开形成一字，找到命门穴（肚脐正对后面的位置就是命门穴）受力的感觉。把脚还原到正常脚位，命门穴的受力感就没有那么强了。也许你第一次训练时感受没那么深，为了强化这种腰立起来的感觉，可重复做三次。当脚回到正常站姿时，腰继续立住，臀部自然就提起来了。

再次把脚打开呈一字，再次体会命门穴的受力感。

*注意：站一位时，有些人会出现撅臀的状况，一定要有意识地把尾骨向下卷一下，调整骨盆回到正位。

夹臀不等于提臀。我们经常讲挺胸收腹，立腰提臀，这里还要讲一下提臀和夹臀的区别。首先问一下大家，提臀是一种什么样的感觉？过往很多人会回答："夹紧臀部。"请问走路是否要挺胸收腹，立腰提臀？很多人依然回答："需要。"那么请大家夹紧臀部站起来向前走几步，体验一下。相信大家体验完后，会发现走路特别的僵硬，是的，所以夹臀不等于提臀。

●练习 2：立腰强化。

找到了立腰的感觉，还要通过训练让身体记住才行。

人们常说，女人是水做的，所以身体要柔软，要如风吹杨柳般婀娜多姿。但是如果经常不活动，身体会很僵硬，体现不出女性的魅力。下面这组玛格丽娜腰胯动作会让我们的身体变得柔软灵活，同时削减腰部多余的脂肪。你可以选择一首类似印度舞曲风格的音乐，只要有很强的欢快的节奏感就行。让身体和音乐融为一体。

玛格丽娜腰胯动作分解：

（1）双脚并拢，呈小V字形站立，双手叉腰，左右摆胯，脚跟不离地面。

（2）膝盖内收，没有缝隙。

（3）所有的腰胯动作都要保持上身挺拔，双肩平稳，在做这组动作的时候要收腹立腰。

之后，动作分解（1）中的腰部以下动作全程不变，同时配合手部动作。加手部动作的目的，主要是训练肢体协调性，在加手部动作的过程中，能很好地控制身体，使其稳定。加手部动作的顺序如下：

①双手自然下垂在身体两侧，让胯向两边找自己的小臂。

②叉腰，感受到动胯的感觉。

③双手打开，与肩同高，呈一字，感受上半身的稳定。

④双手水平搭肩，感受肩膀的稳定，不要晃动肩。

⑤双手合十举过头顶，感受到自己灵动的身体。

动作练习过程中，手的动作顺序是从下至上，再从上至下。

●练习 3：深层收缩。

腰部和腹部、臀部是“不分家”的。腰立起来了还不够，还要通过练习来减去腹部多余的脂肪，在这里给大家分享一个最简单的、最有效的、最实用的、快速的、每天都可以用的减去腹部多余脂肪的王牌动作。这个王牌动作的名字叫作——深层收缩。

深层收缩主要收紧四个部位：

（1）收腹：尽量让肚脐向后、朝脊椎方向收缩，收到腹部最平、最扁、最紧的状态，感觉到腹部有点酸酸的才算做到位。

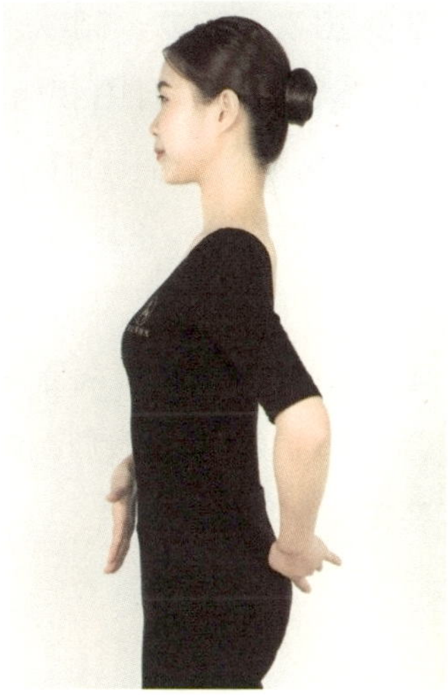

*注意：收腹这个动作要完全用肌肉收缩，而不是用气收缩。用气收缩，是会先把肚脐收进去，这样会憋气，是错误的。要保持自然的呼吸，不要憋气。要用腹肌收缩，功能一是通过深层收缩来燃烧你的脂肪，功能二是锻炼腹肌。

（2）提收会阴：学会这个动作会让女性终生受用。会阴是人之根，就像日月的精华一样，这里是人的精华。随着年龄的增长，会阴容易松弛，有些女性一个大笑、打一个喷嚏小便就会渗出，而且会影响夫妻生活的质量。经常收紧会阴，会改善上述现象。

1956 年，有一个妇产科医生叫凯格尔，他发现很多生完孩子的女性一个大笑、打一个喷嚏之后就会渗出小便，尿失禁非常严重。其实这在当时是一个很常见的现象，许多医生看到了，但并没有人在意这个问题。

凯格尔研究通过骨盆底肌中的耻骨尾骨肌收缩能力的训练（也就是收紧会阴），可以治疗这些女性的尿失禁，有 70% 的女性得到了完全的恢复，剩下 30% 的女性也得到不同程度的改善。人们发现收缩骨盆底肌不仅可以治疗尿失禁，还可以让夫妻生活有很大改善。后来人们为了纪念凯格尔，就把这个训练方法称为“凯格尔练习”。

当排尿时，你故意中断尿流，也是这些肌肉在起作用。当你能够确定这些肌肉的存在之后，可以进行如下练习。

提收三个地方：提肛门（找夹断大便的感觉）；收尿道（找憋尿的感觉）；收中心腱。

有两种科学评估骨盆底肌状态的方法：第一种是收和放。快速地重复至少 20 次、60 次、80 次。第二种是收住，停留 6 秒，放松且慢速地重复 6 次。如果都能做到，说明你的骨盆底肌还处于一种比较年轻的状态。

经常提收会阴，肛门括约肌会得到很好的训练，对改善痔疮也有好处，尤其是外痔。

人的三条经脉，即督脉、任脉、冲脉，都从会阴出来，这三条经脉决定了人的生死存亡。将百会穴到会阴穴连接起来，会得到一条人体一条隐含的中轴线，这是我们人体内一条非常重要的无形的线。平常站立时，也要提收会阴。

（3）收臀部：臀部尽量往中间收紧，让臀部摸上去非常的结实。

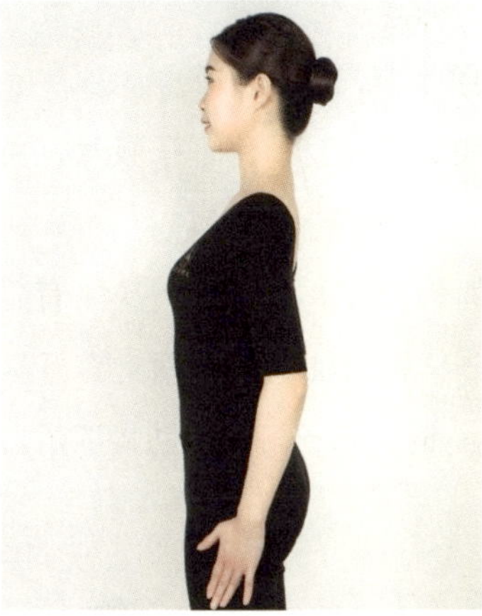

（4）腿用劲、膝关节用劲：大腿摸上去也是非常的结实、紧致。

*注意：

（1）月经期间不要做深层收缩这组练习，不仅不要做这组练习，所有收紧腹部的动作都不要练习。本来是要排出去的经血，如果练习就会再次循环；经期子宫内膜脱落，练习挤压腹部的动作，会加大出血量。

（2）不能做腹压过大的动作，核心肌群不能收太紧。

（3）不能做骨盆倒置的动作。

（4）不能做冲击性的动作。

（5）骨盆底肌不要收得太紧。

（6）腰椎间盘突出的人，做所有向前弯腰的动作都要轻一点、慢一点，甚至不要做。

●练习 4：横向呼吸。

横向呼吸也被称为“肋间呼吸”，它能帮助我们的核心肌群向内收缩，是比较常用的、经典的呼吸方法。对于腹部较为松弛的学员，可以随时随地单独进行此项呼吸练习，它对收紧腰腹部会有意想不到的效果。

（1）横向呼吸的好处。可以收腰、收腹、收肚脐；可以减小腰椎间盘的压力；可以稳定脊柱。

（2）练习方法。站着、坐着或平躺着都可以练习。

（3）横向呼吸步骤。

步骤 1：吸气，提肋。

步骤 2：呼气，降肋。

步骤 3：收腰，收腹，收肚脐。让肚脐向腰椎方向收缩。

横向呼吸是一种很好的呼吸方法。放松喉咙和肩膀，用鼻子吸气，用嘴巴吐气。

双手放在胸腔的两侧肋骨旁，即腋窝下面的位置。吸气时，身体有延长感，胸椎段保持稳定，想象肋骨像“伞”一样推着你的手向两边撑开。腹部不要向外鼓起，肩部保持下沉、放松。呼气时，嘴巴打开，肋骨下沉，收腰、收腹、收肚脐。把“伞”收回。

如果你感觉肩部紧张，就用双手环抱自己，让肩膀更舒服、更放松。记住，降肋比提肋更重要！

可能有些人会在练习时感到头晕、恶心，这是因为供氧不足，也是因为没有把气体全部排出去再吸气。

提肋吸气时肋骨要完全提上来，氧气才能被吸进来。肋骨没有完全降下去，二氧化碳就没有办法完全排出去，吸气就受限。所以提肋要充分，降肋更要充分。

如何让降肋更充分？就是在降肋时把嘴巴张开或叹一口气。当可以很好地降肋时，就可以进行横向呼吸了。

## 记一记：练习不可少　坚持很重要

今天的重点练习动作是减去腹部多余脂肪的王牌动作——深层收缩。

这个动作对女性非常好，做 1 次到位的深层收缩比做 20 次的仰卧起坐更有效。

在你等电梯的时候、等红绿灯的时候、排队的时候……随时随地可以做，非常方便、实用。尤其对于腹部较为松弛的女性，一天做 3~5 次，每次持续 1 分钟左右，连续练习 21 天，对收紧腹部会有意想不到的效果。

*注意：月经期间的女性不要做哦！

每日打卡（4）

| 天数 | 第1天 | 第2天 | 第3天 | 第4天 | 第5天 | 第6天 | 第7天 | 第8天 | 第9天 | 第10天 | 第11天 | 第12天 | 第13天 | 第14天 | 第15天 | 第16天 | 第17天 | 第18天 | 第19天 | 第20天 | 第21天 |
|---|---|---|---|---|---|---|---|---|---|---|---|---|---|---|---|---|---|---|---|---|---|
| 练习次数 | | | | | | | | | | | | | | | | | | | | | |
| 练习收获 | | | | | | | | | | | | | | | | | | | | | |

## 寄语

每个女人都会老，但并不是每个老了的女人都会变得没有任何身材可言，造物主给女人留下了最后一点美丽资本，那就是当我们老了没有光滑的肌肤，却依然可以拥有相对匀称的身材。

在身材方面，我们可以仔细比较一下妇女和女孩的主要区别。女孩年轻、纤细、娇小可人；妇女成熟、丰满，甚至身材臃肿。每个女人都希望一辈子做女孩。

当女人的腰开始变粗、变僵硬时，便是女人生命力衰退的开始；当女性体内的能量被压抑时，女性的魅力就会有所下降。身心本来就是同步的东西，只有在能量表达通畅的时候，身体才会柔软。女人天生会舞动，找一首优美的音乐，伴随着它，让身体如杨柳一样婀娜多姿，让自己在大自然里随心舞动。

回归自己作为女人与生俱来的天性：平衡、柔软、灵动、婀娜、魅力无限……

# 第5天　珠圆玉润——4招让你的臀部更完美

Day 5

## 卫莲说：那些关于臀部的事儿

老一辈的婆婆挑儿媳妇喜欢看臀部，如果儿媳妇的臀部丰满圆润，婆婆就会很高兴，说明儿媳妇“好生养”，能给儿子延续香火。不管这种说法科学与否，都代表长辈对于儿孙满堂的期待。

英文杂谈《美国人心目中的完美臀部：一个世纪的进化史》也很有意思。杂谈中描述了美国人心目中的完美臀部，从20世纪初期的又圆又大，过渡到20世纪中期的小臀，再到20世纪80年代的健康肌肉臀，最后在21世纪又回到又圆又大。

西方很多国家热衷举办美臀大赛，比如美国、法国、巴西等，世界最美臀部大赛的比赛规则，要求臀部不仅要大，而且要圆、要翘，不能扁平，更不能下垂，因为下垂是衰老的表现。

## 查一查：你是否有这样的臀部现象

臀部松弛、臀部下垂、臀部扁平……

导致臀部松弛、下垂、扁平有很多原因，但其中有两个最常见：一是长期不良的坐姿。很多人往椅子上一坐就是“瘫”下去，“葛优躺”的姿势更是常见。这样身体是舒服了，臀部完全是放松的，但肌肉长期处于松弛状态，加上缺乏锻炼，时间久了臀部也就下垂了。二是很多女性喜欢穿低腰裤，认为低腰裤能显示臀部优美的曲线。可能很多人不知道这也是造成臀部下垂的元凶之一吧。因为低腰裤会阻碍臀部的血液循环，导致臀部扁塌。

## 学一学：让臀部上提的相关姿态

腰部立起来，臀部会自然上提。

脚的内侧、小腿肚内侧、膝关节内侧、大腿根部内侧这四个“关”只要关住，臀部就会自然上提。

站姿正确，臀部会自然上提。

坐姿正确，臀部也会自然上提。

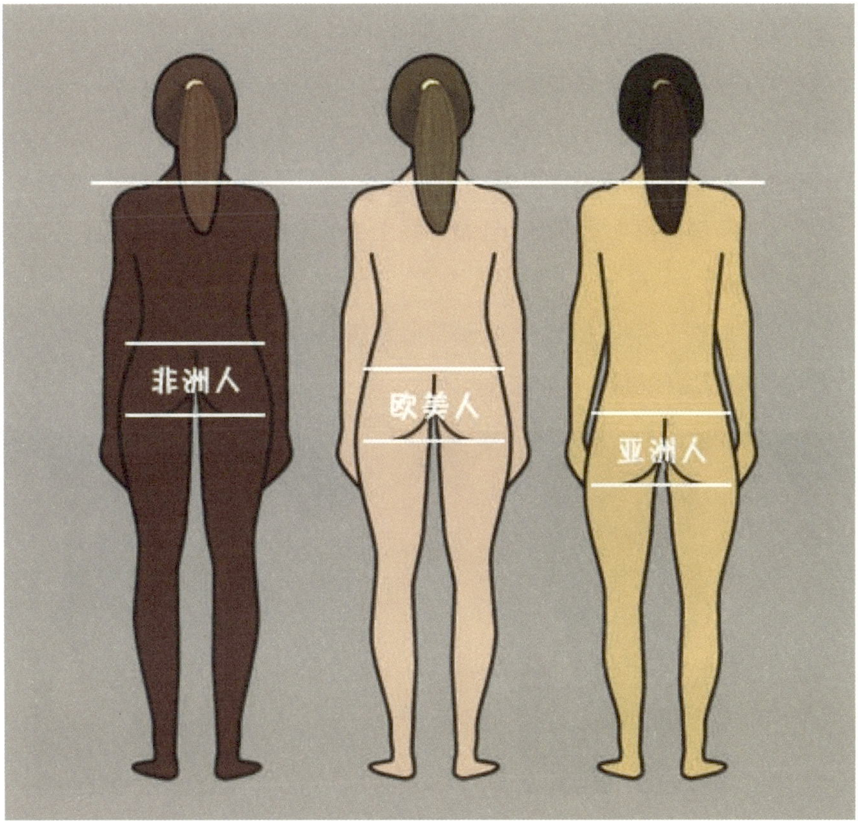


亚洲人下肢本来就不修长，如果臀部下垂，臀线就会往下掉，臀线一往下掉，腿就会显得更短。

## 练一练：4 组练习让你的臀部更完美

这些练习可以很好地减去臀部多余脂肪，并且对紧实臀部、提臀也有很好的帮助。

●练习 1：臀部的收放。

这组练习类似减去腹部多余脂肪的王牌动作——深层收缩，同样是收紧四个部位，但不同的是深层收缩是收紧不放，持续 1 分钟左右的时间才慢慢放松，深层收缩练习的目的是使用深层收缩的力量来燃烧脂肪。而这组臀部的收放练习是需要快速收紧和放松臀部的肌肉，反复数次，持续 5 分钟（约一首音乐的时间），你会明显地感受到自己的臀部变得紧实和上翘。具体步骤如下：

（1）收紧腹部，收到最扁、最平、最紧的状态，收到不能再收的时候为止。

（2）尽量往里夹紧臀部，让臀部摸上去非常的结实，感觉臀部中间能夹住一个东西。

（3）提收会阴。注意，在做臀部收放练习时，双脚在原地没有离开，骨盆也不能前后移动。

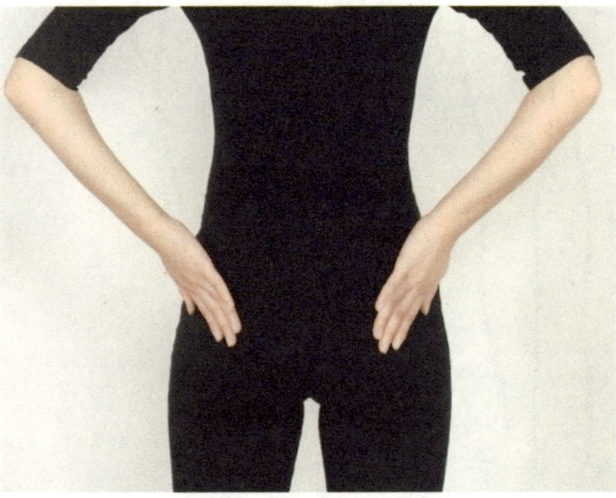
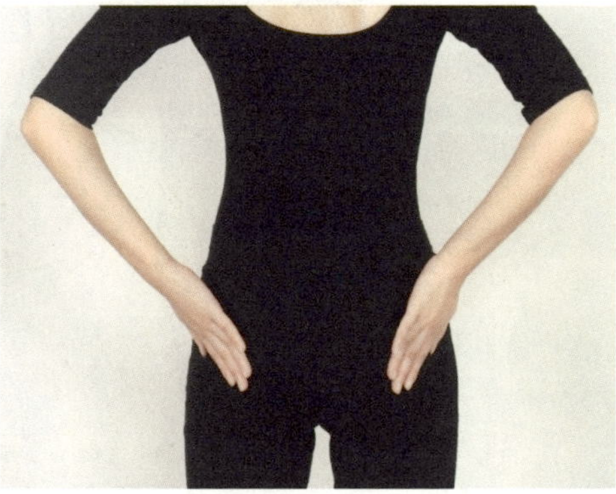

（4）大腿内侧、膝关节用劲，腿部肌肉收紧，可以减去大腿多余的脂肪。

这组练习在坐车、乘电梯、做家务时都可以做。

●练习 2：下蹲。

下蹲是练习臀部的王牌动作，两脚开立，比肩略宽，蹲的时候膝盖对准脚尖的方向，但不要超过脚尖，注意上身要直上直下，起身时要夹紧臀部。

●练习 3：侧伸腿。

下蹲后起身，起身时，当重心在左脚时，右腿伸直，右脚脚尖点地，头往右边看。反之同理。

●练习 4：后抬腿。

在上身保持挺拔稳定的同时，单腿朝斜后方抬起，脚尖绷直，把臀部肌肉收紧，抬腿一段时间后收回到中间，然后再进行下蹲起身动作，两腿交替练习。

## 记一记：练习不可少　坚持很重要

今天的重点练习动作是后抬腿。

这可是让臀部紧实、上翘的好动作，记得两腿交替练习，每次后抬腿时都要感受臀部的肌肉紧实、上提。每天早晚正确练习各 30 次，连续练习 21 天，相信你会拥有很美的臀部线条。

*注意：在练习过程中，腰背一定要挺直，千万不要塌腰哦！

**每日打卡（5）**

| 天数 | 第1天 | 第2天 | 第3天 | 第4天 | 第5天 | 第6天 | 第7天 | 第8天 | 第9天 | 第10天 | 第11天 | 第12天 | 第13天 | 第14天 | 第15天 | 第16天 | 第17天 | 第18天 | 第19天 | 第20天 | 第21天 |
|---|---|---|---|---|---|---|---|---|---|---|---|---|---|---|---|---|---|---|---|---|---|
| 练习次数 | | | | | | | | | | | | | | | | | | | | | |
| 练习收获 | | | | | | | | | | | | | | | | | | | | | |

## 寄语

健康挺拔的体态训练，不仅仅让你拥有美妙的身材，更让你拥有健康的身心和年轻的生命状态！

立起颈的同时，你将收获气质；

打开肩的同时，你将迎来自信；

挺起胸的同时，你将变得高贵。

腰变纤细的同时，你的女性魅力将会提升；

臀部翘起的同时，你的女性能量将会绽放；

腿部有力的同时，你将获得深层力量。

得到的不只是美，更是一生的财富和修养！

# 第6天　纤纤玉腿——4招让你的腿部更修长

Day 6

## 卫莲说：腿是生命大厦的地基

腿是我们身体的支撑基础，是我们这座“生命大厦”的地基，就像一座房子，只有把地基打稳了才能很好地支撑上面的建筑物。腿有力了，人走起路来才能显得轻盈和挺拔。

很多女性腿没劲，站立时腿部放松，很难去支撑自己的上半身，导致上半身的重量都压在了下半身，再加上地球的引力，臀部松弛下垂，臀部两侧肌肉外扩，致使大腿变粗，特别是大腿根部最粗。

很多电影、电视剧中饰演老人的演员，在演戏时都是先把腿上的力量卸掉，一个老态龙钟的老人家形象就出来了。

## 查一查：你是哪种腿型

腿型分类：O 型、X 型、正常型。

● O 型腿三步自测：

（1）双脚并拢时，脚尖指向前侧，放松站立，大腿、双膝与小腿之间无法并拢。

（2）观察自己的鞋子会发现，鞋子脚跟的位置和鞋底外侧有很严重的磨损；还有，在长时间走路之后，脚跟很容易疼痛。那是因为你走路的时候重心都落在了脚跟上。

（3）上身纤细，但是双腿粗壮——特别是臀部的外侧、大腿的外侧和小腿的外侧总是壮壮的。

因为 O 型腿所造成的状态很容易影响下半身的血液循环，所以你会发现，你的双腿不仅粗壮而且肿，很容易形成梨形身材。上身纤细，下身很粗壮，看上去就像一个大大的鸭梨。

● X 型腿三步自测：

（1）双脚并拢，脚尖指向前侧，放松站立后，膝关节可以并拢，膝关节以下呈八字张开，就是小腿和脚踝好像永远没法并拢，并伴有足外翻、扁平足与外八字足，也就是脚的外侧在放松站立时没办法很好地压向地板。

（2）找一双你穿了很久的鞋子，通过观察你会发现鞋底的内侧有很严重的磨损。

（3）当你是 X 型腿的时候，膝关节与小腿经常不自觉有一些疼痛，或者有抽筋的感觉。而且你有可能会出现苹果型的身材，也就是双腿很纤细，特别是膝盖的位置特别的细窄，但你可能会有一个圆圆的肚子并且肩膀很壮实。

## 学一学：如何才能改善腿型

●四个“关”要关住：

（1）脚的内侧。三个点：大脚拇指内侧、脚踝内侧、脚跟。

（2）小腿肚内侧。

（3）膝关节内侧。

（4）大腿根部内侧。

四个“关”关住之后，自然收紧腹部、臀部，不容易塌腰。

●身体的重心：

身体的重心对于腿型的呈现形态影响重大，因此，要掌握正确的身体的重心位置。

双脚并拢，自然姿态站立时，将身体重心集中到双脚内侧，将双脚的内沿压实。这样，大腿内侧的内收肌可以自由活动，就能塑造直线形双腿。而且，还可以有效预防身体浮肿和腰部疼痛。

（1）正确的重心。将重心放在脚内侧的脚心到脚大拇指的位置。放松肩膀，用力收紧腹部，收紧膝关节，将身体重心放在脚心上。

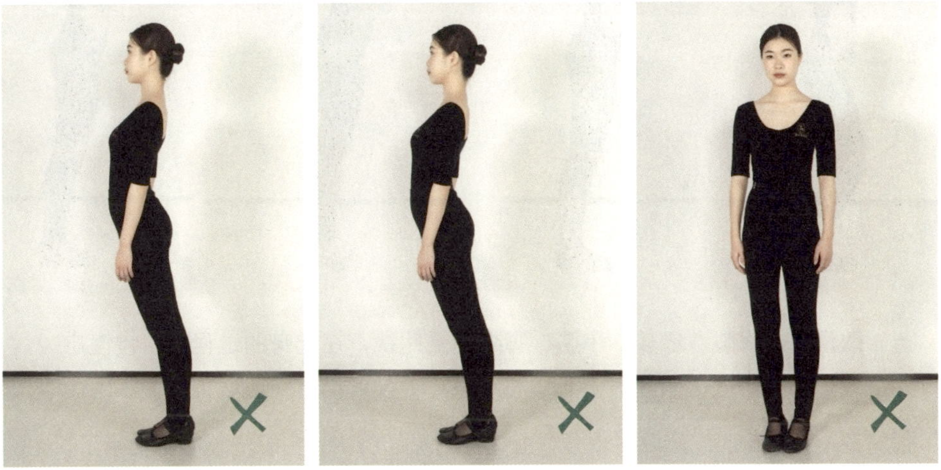

（2）错误的重心。脚尖重心：容易造成塌腰挺肚，扣肩驼背，脖子前伸。脚跟重心：容易引发脊柱弯曲、腰部疼痛。外侧重心：容易形成内八字、O 型腿，导致骨盆变形、膝关节变形、小腿外翻。

## 练一练：让腿型更完美的实用训练

不管出现哪种腿型问题，不用担心，我们都有解决的办法。

第一步：平衡双脚，平衡足底的力量，建立很好的足弓支撑。

第二步：改善膝关节的状态以及髋关节的状态，调整相应的周围肌肉的状态，让它们变得更加平衡。

*注意：若膝关节用力过度，就会造成腿部无法用力，腿部肌肉无力支撑上身，整体重心往下，导致下身变形。正确的方法应为膝关节用力，膝关节向内侧中间集中用力，但不要用力过度。向中间集中用力时，臀部会自然上提，腹部也会自然内收，整个身体处于自然的状态之中。

●练习 1：蹲、起、踮、落。

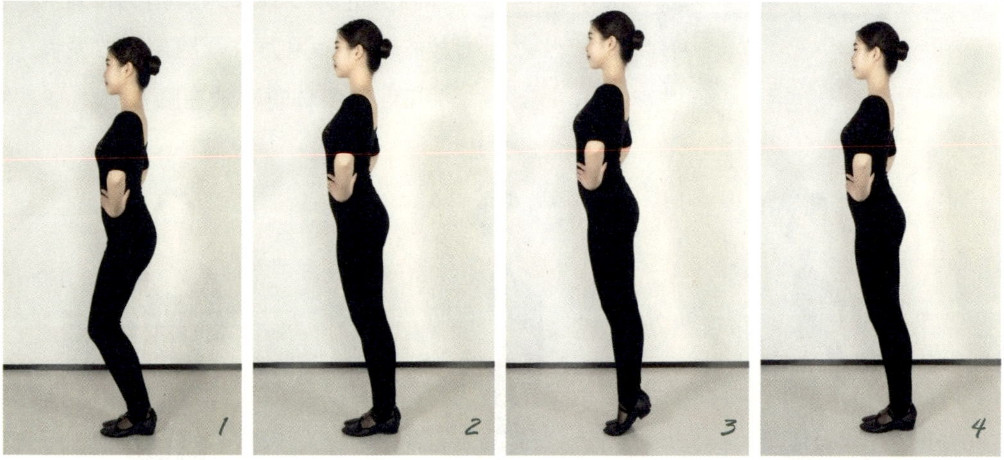


微蹲时，大腿、膝盖、小腿、脚踝完全并拢，在起身的过程中，慢慢启动大腿内侧的肌肉，不断向内收、向上提，直到最后双腿保持直立。由微屈到站直，感觉腿的内侧收得很紧，由站直到踮起脚尖，会感觉腿收得更紧了，然后缓缓落下。这组练习对纠正 O 型腿非常有效。

有一个空乘学院的女生，长得很高、很漂亮，但因为 O 型腿很严重，她担心毕业之后无法被航空公司录取，就在老师的指导下，每天练习这套动作 10 分钟，后来增加到每天练习 30 分钟，坚持了 3 个月，她的 O 型腿就完全纠正过来了，后来成功被航空公司录取了。

●练习 2：踮脚尖。

这个动作要用到小腿和脚后跟的力量。双腿并拢，两臂环抱于头部正上方，挺胸收腹，要把脖子“拉”起来，让腰和腹部收紧，身子要直上直下，不要挺肚子，也不要撅臀部。想象你在两块夹板的中间，不要有任何的前倾和后仰。需要特别注意的是，踮脚尖练习时，要确保双脚脚跟没有分开。

可按照以下口令进行练习：起、落、起、落、起、落……练习时脚跟尽量抬高，膝关节用力，夹紧臀部，把腹部收进去，把脖子“拉”起来，找到轻盈、挺拔、向上的感觉。

*注意：腿是人体的“第二个心脏”。腿上有六根经脉：肾经、脾经、肝经、胃经、胆经、膀胱经。经常踮脚尖可加速血液循环，刺激脚上的涌泉穴（养肾）、小腿肚的承山穴（可以去除体内的寒湿）。对于习惯于穿高跟鞋的女士来说，可以让僵硬的双脚恢复灵活性。

●练习 3：在生活中运用踮脚尖。

如果家里是铺地毯或者铺木地板，你可以放一首好听的音乐，踮起脚尖走路，体验脚跟抬得越高人就越轻盈的感觉。在踮脚尖走路的时候，肩要平稳、不要晃动，保持身体稳定。利用碎片时间，随时随地训练优雅气质，比如在爬楼梯的时候，就可以用踮脚尖的方式。

●练习 4：绑腿躺着休息 。

用弹力带绑住腿的四个位置，分别是脚踝、膝盖下方（足三里处）、膝盖上方和大腿根部。

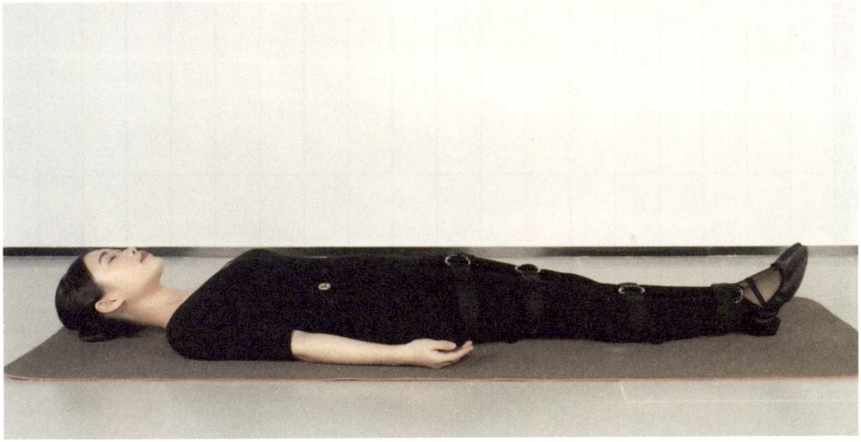

绑好之后可以躺着休息，此时软组织放松，这个练习对 O 型腿、X 型腿的纠正统统有效。在腿快麻的时候解开弹力带。每天绑 1 次，每次 15 分钟左右。

## 记一记：练习不可少　坚持很重要

今天的重点练习动作是双腿绑上弹力带躺着休息。

想不到吧？今天的作业是一个这么简单的练习，是的，就是要给你一个惊喜。

但你不要小看这个动作哦，它可是既舒服又有效，而且对 O 型腿、X 型腿的纠正统统有效。按照上述的指定位置用弹力带绑住（如果没有弹力带，家里的毛巾、围巾也可以），每次练习 15 分钟左右，持续练习 21 天，你渴望的笔直美腿就触手可及。

**每日打卡（6）**

| 天数 | 第1天 | 第2天 | 第3天 | 第4天 | 第5天 | 第6天 | 第7天 | 第8天 | 第9天 | 第10天 | 第11天 | 第12天 | 第13天 | 第14天 | 第15天 | 第16天 | 第17天 | 第18天 | 第19天 | 第20天 | 第21天 |
|---|---|---|---|---|---|---|---|---|---|---|---|---|---|---|---|---|---|---|---|---|---|
| 练习次数 | | | | | | | | | | | | | | | | | | | | | |
| 练习收获 | | | | | | | | | | | | | | | | | | | | | |

## 寄语

从心理学角度来讲，你必须找到除了爱情和婚姻之外可以让你双脚坚强、稳健地站在这片大地上的东西。

让自己的内心变得强大。双脚踩实地板，想象双脚深深扎根于大地，向下无限延伸，感觉非常稳定；头顶向上找天，想象你的头顶穿越屋顶，穿越云层，向上无限延伸，越来越高。

同时脚踝并拢，膝关节用力，夹紧臀部，让双脚坚强有力地踩在这片大地上。

## 延伸知识：

除了吃喝没节制，80% 以上的身材变形都是长期不良体态所导致的。比如站没站相，坐没坐相，扣肩驼背，塌腰挺肚。就像一面墙壁，光滑的墙面是不容易藏灰尘的，只有角落才容易藏灰尘。同样，当你扣肩驼背、塌腰挺肚时，就会给多余的脂肪提供堆积的空间，导致身材变形。身材的变形会让你显老 5~10 岁，很多人被时间打败的一个明显标志就是身材的变形。所以保持好身材很重要！

曾经看到一条新闻：上海一所著名小学招新生，要先面试家长，看家长身材、气质，先淘汰身材肥胖的家长。

这条新闻一出，家长们顿时炸开了锅。表示赞同的家长就留言赞同，他们认为肥胖的人自我管理能力差，自我管理能力差的家长肯定无法配合超一流的教育。

我觉得看家长身材是可以反映出一些问题的，除了先天遗传等原因之外，肥胖并不是短时间形成的，应该是长期不注意饮食和不做运动造成的。家长连自己都没管好，你相信他们会管好孩子吗？教育孩子最好的方法是让自己变得优秀，给孩子做榜样。如果想让你的孩子成为你想象中的那类人，那么，你就先成为那样的人吧！

英国有一部叫《人生七年》的纪录片，导演选择了 14 个来自不同阶层的 7 岁的孩子进行跟踪拍摄，一些来自孤儿院，一些来自中产阶级家庭，一些则是上流社会人士的后代，等等。每七年追踪记录他们的生活一次，从 7 岁开始，一直到第八个七年——56 岁。导演拍这部纪录片的最初目的也许是想表达英国的社会阶级分明，难以逾越，穷人的孩子会继续穷下去，富人的孩子依然是富人这一社会现实。这部纪录片拍到了他们知天命的年纪，也确实证实了导演的看法：大多数人的人生是一张测绘好的地图。只有一两个孩子改变了自己的命运，其中一个名叫尼克的农家子弟，他考取了牛津大学，后来移民到了美国，成为著名大学的教授，顺利成为精英阶级的一员。

这部纪录片让当时的我很震撼，更重要的是我发现了一件很有趣的事情。我发现这些人在 30 岁之前的变化并不大。7 岁的孩子大多都是天真可爱的，二十几岁时，女孩都年轻漂亮，男孩都英俊帅气，但是在 30 岁之后，他们发生了相当剧烈的变化，其中变化最大的就是身材。穷人开始发胖、变秃，面容憔悴，20 多岁的俊俏模样一去不复返，生活也越来越糟糕。而富人依然保持着良好的身材，体形修长、挺拔，他们甚至比年轻的时候看起来更有风度、更成熟、更有魅力。尤其是女性，她们不仅身材好，气质上也显得高贵优雅。

所以，不要小看一个能够长久保持好身材的男人和女人，他们通常都有着优秀的习惯和良好的自律能力。身材变形在视觉上会产生比实际年龄大 5~10 岁的衰老感。什么是你魅力外在的基础？不是你的皮肤洁白细腻，不是你的头发乌黑、富有光泽，也不是你的大眼睛、高鼻梁，而是你身体的形态、生命的状态！

## “健康挺拔的体态”自测题

1. 你是否注意过自己的体态?

A. 很注意　B. 不经常注意　C. 没注意过

2. 你的体重是否正常?

A. 过轻　B. 正常　C. 超重

3. 你的身材是否匀称?

A. 匀称　B. 一般　C. 偏胖或偏瘦

4. 你的身材曲线属于哪一类?

A. 身体健康挺拔且 S 形曲线明显

B. 只有局部曲线明显，其他部位不匀称

C. 没什么曲线

5. 你是否进行过形体训练?

A. 一直坚持练习　B. 偶尔　C. 从未

6. 你在自然放松的状态下，体态为哪一类?

A. 有挺胸收腹的习惯

B. 偶尔能坚持挺胸收腹

C. 习惯性扣肩驼背、塌腰挺肚

7. 你是否有保持身体健康的意识?

A. 经常有　B. 偶尔有　C. 没有

8. 你的颈部线条是?

A. 修长且形态优美　B. 模糊且显得脖子短　C. 介于 A 和 B 之间

9. 你对着镜子观察自己的脖子时，感觉是?

A. 皮肤细腻光滑，颈纹不明显

B. 一般，有些颈纹

C. 颈纹很深且多

10. 你的肩部线条是?

A. 纤薄，宽窄合适，曲线优美

B. 轻微的扣肩或耸肩等倾向

C. 扣肩驼背，虎背熊腰或耸肩厉害

11. 你的胸部形态是?

A. 浑圆丰满　　B. 一般　　C. 胸部扁平或下垂

12. 你的腹部形态是?

A. 紧实且平坦　　B. 轻微外凸　　C. 松弛且外凸明显

13. 你的腰部形态是?

A. 腰围标准且紧实

B. 腰围还可以，但肌肉松弛

C. 腰围较粗且肌肉严重松弛

14. 你的臀部形态是?

A. 紧实圆润　　B. 还行　　C. 偏大偏胖或者扁平下垂

15. 你的腿部形态是?

A. 标准　　B. 很细　　C. 很粗

> 如果你的答案有 12 个或 12 个以上是 A，恭喜你，说明你的体态健康挺拔，相信你有一个接近完美的身材哦!
>
> 如果你的答案有 7 个以上是 B 或者 C，说明你还需要努力哦!
>
> 如果你的答案大部分是 B 和 C，不要告诉别人，自己知道就好，你要狠狠地补课了!

# 优雅高贵的仪态

仪态，是态的核心。

站立、行走、蹲、转身等日常生活中的举手投足，皆是仪态。

仪态没有对与错之分，但有丑与美之分，有优雅与粗糙的区别。有具有女性魅力的仪态，也有女汉子般的仪态；有端庄大方的仪态，也有扭捏小气的仪态……

只是，作为女人，你想拥有哪一种仪态呢？如果作为男人，你会欣赏拥有哪一种仪态的女性呢？

即使相貌平平，如果仪态出众，气质非凡，举手投足间优雅高贵，你依然是人群中最靓丽的一道风景线，依然拥有很多的机遇和充满期待的未来！

愿你举手投足之间尽显优雅高贵的仪态。

# CHAPTER 2

# 第 7 天　亭亭玉立——让你站出自信和挺拔

Day 7

## 卫莲说：站姿是一切仪态之首

美国著名作家威廉姆·丹福斯说：“我相信一个站立很直的人的思想也是同样正直的。”

站姿是一切仪态之首。如果站姿不够标准，其他所有姿势都谈不上优美。正确的站姿可以体现一个人的自信、优雅、家教和修养。

为什么同样身高的人，一个会显高，另一个会显矮呢？其中影响最大的是站姿。

## 查一查：你的站姿正确吗

正确的站姿和错误的站姿分别是怎样的？

●正确的站姿：

（1）纵向：想象头顶有根绳子拉着你，使整个身体向上拉伸。

（2）横向：两肩打开，让身体舒展。

●错误的站姿：

（1）纵向：整个身体松弛向下。

（2）横向：扣肩，身体缩在一起。

人在站立时，力是从脊柱两边传向髋骨，通过髋骨传到大腿，再传到小腿和脚踝；扣肩驼背站立比正常站立带给身体的压力更大，侧卧比平躺压力更大，前倾比中立带给身体的压力更大。当压力过大、张力过大时，就会有突出症。

错误的站姿和正确的站姿分别会给人带来怎样的感觉呢？肢体语言可以创造情绪，改变状态。

错误的站姿能透露出什么信息？不自信、颓废、消极、不够有教养、没有受过良好的教育……这样的人给人感觉和“扶不起的阿斗”一样缺乏自信，没有人愿意让一个缺乏自信的人承担重任。

正确的站姿又能透露出什么信息？如果你在职场，拥有自信的肢体语言，下属会紧紧跟随着你，领导也会对你高看一眼。因为你的气质和气势可以让别人相信你能胜任任何工作。这种自信不一定需要用语言来表达，它通过你的神态、气质、举止、着装、语气、姿势、仪态等，无声无息地从里到外散发出来。这种魅力，不是外表的伪装，而是发自内心的对自己以及对生活的信任。

如果你未婚，拥有正确的站姿，相亲的成功率会高很多，有更多机会能找到好的另一半。每个人都喜欢美好的事物，男人也不例外。

## 学一学：正确站姿的三大要点

1. 四个“关”要关住

（1）脚的内侧。

（2）小腿肚内侧。

（3）膝关节内侧。

（4）大腿根部内侧。

当把四个“关”关住之后，自然收紧腹部和臀部，也不容易塌腰。

正确的站姿有三个关键词：很直、很高、很挺拔！

2. 侧面呈一条直线

（1）从侧面整体来看，耳朵、脖子、肩膀、腿部侧面中点在一条线上。

（2）脖子前伸时，身体就不在一条线上。

（3）扣肩驼背时，身体就不在一条线上。

（4）塌腰挺肚时，身体就不在一条线上。

（5）腿蹬不直时，身体就不在一条线上；正确的站姿应该是很直、很高、很挺拔。站都站不直肯定就不会显高了。

3. 十字的感觉：纵向拉长，横向舒展

●纵向拉长：想象头顶有根绳子拉着你整体向上，整个人会显得很挺拔。注意头顶的位置，是两耳向中间连线，相对中间的位置就是百会穴，绳子是在这个位置吊着你向上，而不是在脑门上，如果在脑门上吊着你，你就会抬下巴、向上翻白眼。

正确的做法应该是下颌微收，眼睛平视前方。这种做法会既显气质又平易近人。而抬下巴、眼睛往上看，如果再加上不笑的话，很容易给别人高傲的感觉。而我们所学习和拥有的气质应是高贵而不是高傲。一个真正高贵的人，她一定是平易近人的，因为在她成长、成熟和成功的路上，她经历了很多世事的艰辛，所以她会尊重每一个人。

从颈部顺着脊椎向上牵引，感觉整个脊柱呈一条直线，让这条直线与地面垂直，再让这条直线向上找天，感觉自己很直、很高、很挺拔。

脊柱是身体的中轴，是生命的支柱。脊柱由 26 块椎骨组成，其中颈椎 7 块、胸椎 12 块、腰椎 5 块、骶骨 1 块、尾骨 1 块。脊柱从正面和背面看都是一条直线，从侧面看是一条曲线，而这条曲线是每个人都有的正常的生理弯曲。

在椎骨与椎骨之间有一个椎间盘，它是垫在两块椎骨之间的，主要由纤维环包着髓核构成，髓核就像果冻一样，里面 80% 是水分。当椎间盘水分变少了，人就会变矮。

大家一定听过腰椎间盘突出吧？那是腰椎间盘退化、纤维环破裂、髓核突出刺激或压迫神经根而导致我们平常人所说的腰疼。

举个例子，大家吃过汉堡包，上下两层是面包，中间有肉有菜，还有很多类似奶油的酱，当你从一边咬下去的时候，那个酱就会喷出去。腰椎间盘也是一样的，如果你长期保持不正确的姿态，从一边挤压腰椎间盘，就很容易导致腰椎间盘突出。

所以把脊柱拉直，将腰椎间盘一节一节持续向上拉开，让腰椎间盘的水分一节一节地回来，人就会显得比原来挺拔，而且会健康很多。

传统汉服背部的正中间，有一条贯穿首尾缝合的线，叫作“中缝”。当你穿上汉服站直时，中缝会垂直于地面，代表正直。老祖宗早已把做人的智慧告诉了我们。

●横向舒展：让肩向后、向下打开，想象后背两边的肩胛骨很重，用力地向下沉。当手臂自然下垂时，中指对准裤缝的位置，用指尖去找地面。

记住纵向拉长和横向舒展这种十字的感觉。最正确的站姿是由最均衡的力量和最小的压力来完成的，这样全身重力均匀地从脊柱、骨盆传向下肢的腿部，再由腿传到脚，从而形成真正的“脚踏实地”。站立时，让腰部以下的每个部位（膝关节、大腿、臀部、腹部）都向内收、向上提。前胸、后背、脖子向上挺拔，双肩放松。

这里最需要注意的是“放松”。很多人都会向上提，会挺拔，但不会放松。整个身体是向上延伸的感觉，但面部表情、下巴、脖子、双肩是放松的。保持正常呼吸，同时体会挺拔、自信、优雅和高贵的感觉。

记住十字的感觉。记住头顶向上找天，双脚脚踏实地的感觉。

站立看似是一个静态动作，但在静态中却有生机勃勃的内在活动。它对于控制多余脂肪的滋生和堆积，对于改善各种不良姿态，都有着非常重要的作用。

## 练一练：8 大递进式站姿 、正式场合的脚位与手位使用

1. 8 大递进式站姿

（1）基础站姿—双脚并拢，关住四个“关”，双脚踩实地板，想象双脚深深扎根于大地，向下无限延伸，非常稳定；头顶向上找天，想象你的头顶穿越屋顶，穿越云层，向上无限延伸，越来越高。双手自然下垂，用指尖去找地面。目光平视前方。整体感觉很直、很高、很挺拔！

（2）基础站姿 + 小腿肚处夹纸：关住四个“关”，再次加强收的力度。如果此时夹不住纸，可以微微屈膝，让大腿、膝盖、小腿、脚踝完全并拢后，再慢慢起身。

（3）基础站姿 + 小腿肚处夹纸 + 半脚尖站立：身体直立向上，踮起脚尖进行核心稳定性训练，重心向上，你会变得越来越轻盈。

（4）基础站姿 + 小腿肚处夹纸 + 半脚尖站立 + 双手相扣举过头顶，掌心向上找天：进行核心稳定性训练的同时，身体向上延伸。此时注意，不要耸肩哦！

（5）站一位：站一位的优点是可以立腰提臀。缺点是腿部肌肉外旋，容易形成外八字，走路不好看。不建议长时间训练。

（6）靠墙站姿：让身体靠住墙壁，在自然状态下检查后脑勺、肩胛骨、臀部（臀部轻轻碰到墙壁就可以，不要有挤压的感觉）是否处于同一直线贴住墙面，同时让肚脐向后找脊椎，脊椎向后找墙壁，但不是贴在墙壁上，腰部与墙壁之间的空隙约为自己两根手指的宽度，此时可视为正确体态。如果腰部紧贴墙壁没有任何空隙，或者腰部与墙壁之间空隙太大，说明体态是不正确的 。

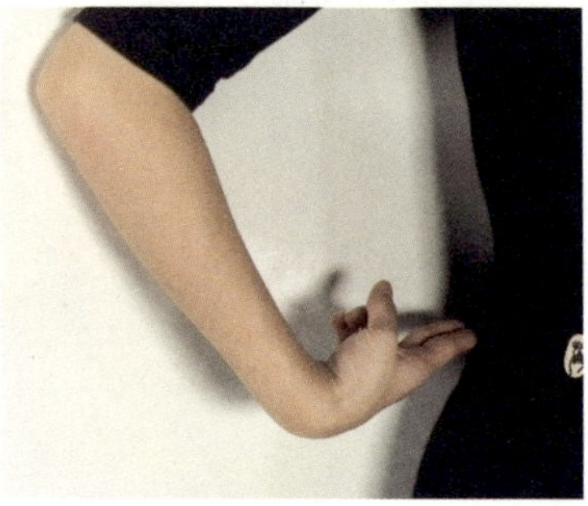

有些学员就懵了，为什么有的老师说五点一线，有的老师说九点一线，有的老师说十一点一线？到底是几个点靠墙站呢？其实，不管是五点、九点还是十一点，贴墙的原理都是一样的，贴墙的目的也是一样的——就是控制自己的身体，离开墙依然是直线。

五点一线：后脑勺、肩胛骨、臀部算、小腿肚、脚跟。

九点一线：后脑勺一个点，肩胛骨两个点，臀部两个点，小腿肚两个点，脚跟两个点。

十一点一线：上面九个点 + 两个手臂。

（7）开肩站姿：大臂夹住身体不动，双手掌心正对前方，水平打开至身体两侧，其他部位依然保持十字的感觉，同时四个“关”要关住。

（8）超模站姿：双脚打开与肩同宽，双脚脚尖点地，双手掌心向前，慢慢从身体两侧抬起平伸成一字，大臂不动，小臂回展至耳侧。手掌与小臂呈一条直线，大臂与地面平行。保持一首曲子的时间，不仅可以训练体态，变得很直、很高、很挺拔，同时还能稳定核心部位。

在练习站姿时，一定要根据自己的身体情况进行循序渐进的练习。不管选择哪一种站姿，都可以伴随着一首自己喜欢的音乐，在享受中每天早晚各练习 5 分钟，你会发现自己一天比一天修长、挺拔，更有气质！

每次练习后，都要对着镜子检查自己是否处于正确的姿态。正确的姿态从侧面整体来看，耳朵、肩膀、腿部的外侧中点（裤子的中缝）、脚踝都在一条直线上。同时还要注意从侧面局部看时，颈部是否有颈纹，肩是否打开，腰是否立起来，腿是否蹬直。

2. 正式场合的脚位与手位使用

●常用脚位：脚长时间呈外八字站立容易导致骨盆和膝关节变形，还容易形成小腿外翻。因此，要注意脚位的正确使用。

（1）并步。两脚内侧并拢，脚尖朝向正前方。

（2）小 V 步。两脚跟并拢，脚尖略微打开，两脚之间保持一个拳头的距离，奥运礼仪小姐都会先弯腰把手放在两脚中间测量距离。使用小 V 步站立时，双脚和小腿应保持一个放松、伸展的姿势。这不仅仅是一个优雅的站姿，它还能协助核心肌肉群向内收缩，并改善臀部及大腿松弛的现象。

（3）丁字步。前脚脚跟放置于后脚的足弓处，也就是后脚的二分之一处。后脚的脚尖冲向斜前方 45°，前脚脚尖正对前方。注意夹紧两腿膝盖，两腿之间不能有缝隙。

在生活中我们用丁字步脚位就可以了。丁字步脚位可以掩盖腿部缺陷，疲劳的时候可以变换重心，腿没那么累。但不要长时间把重心放在一条腿上，一定要两只脚、两个膝关节均等地用力，否则容易导致身体倾斜。

●常用手位：

（1）自然下垂式。即手臂在身体两侧自然下垂，虎口正对前方，中指指尖紧贴裤缝中线。一般在非常严肃、正式的场合可使用这种手位，比如升国旗、唱国歌时。这也是第一夫人们常用的手势。

（2）腹前式。双手自然相握于体前，大拇指放进手心，右手交叠于左手四指背，显修长。中国人习惯用右手，所以左手在下，右手在上。

（3）腰脐式。在腹前式的基础上，将手顺势向上提到肚脐下 1 厘米的位置，微微压腕。

（4）宋庆龄式。该手位是后人通过分析大量宋庆龄女士的照片得出的。在腹部左手托住右手，右手大拇指放于左手手背下方，右手食指放于左手大拇指上方。一来可以遮盖很粗的大拇指；二来右手打开伸出去时是漂亮、自然的手型。

（5）礼宾式。右手握左手，大拇指藏起来，不压腕，肘关节向两侧打开。奥运礼仪小姐用的就是这种手位。

（6）蒲公英式。右手扣于左手上方，右手手指放于左手手腕处，右手呈隆起状。

（7）邀请式。手臂自然抬起，掌心朝斜上方 45° 。掌心向上为敬，向下为指责。用单个手指指人被视为不礼貌的行为。食指指向别人的身体有教训之嫌，指着别人的鼻子会有侮辱之意，优雅的女人应该多用掌心向上的手势，而少用单指。单个手指何时可以使用？只能空指，比如指地板、指物品，千万不要指人。

用双手是大礼，用右手是小礼，用左手有点失礼，无手就是无礼。

（8）演讲式。双手自然打开，五指并拢，掌心朝上略倾斜。

（9）鞠躬式。在礼宾式的基础上，以腰部为支点，身体慢慢向前 15~30° ，眼睛随着身体的前倾而下移。

## 记一记：练习不可少　坚持很重要

今天的重点练习是靠墙站姿。

墙壁是非常好的参照物，找一面平直光滑的墙壁，靠在上面，在自然状态下检查自己的后脑勺、肩胛骨、臀部、小腿肚、脚跟是否处于同一条直线，同时让肚脐向后找脊椎，脊椎向后找墙壁，但不是贴在墙壁上，腰部与墙壁之间的空隙约为自己两根手指的宽度，这时才是正确的站姿 。

每天正确练习 15 分钟，持续 21 天，你会发现，自己修长挺拔的站姿已经开始在人群当中一枝独秀，变得与众不同了！

*注意：练习靠墙站姿时，头上的马尾一定要放下哦，否则容易导致脖子前伸。

每日打卡（7）

| 天数 | 第1天 | 第2天 | 第3天 | 第4天 | 第5天 | 第6天 | 第7天 | 第8天 | 第9天 | 第10天 | 第11天 | 第12天 | 第13天 | 第14天 | 第15天 | 第16天 | 第17天 | 第18天 | 第19天 | 第20天 | 第21天 |
|---|---|---|---|---|---|---|---|---|---|---|---|---|---|---|---|---|---|---|---|---|---|
| 练习次数 | | | | | | | | | | | | | | | | | | | | | |
| 练习收获 | | | | | | | | | | | | | | | | | | | | | |

## 寄语

身体是能被看见的灵魂，是情绪的地图，身体里有我们的智慧。只有真正了解自己的身体，才能正确地使用自己的身体。没有用心对待过自己的身体的女人，是一个不疼爱自己的女人。每个女人都应宠爱自己，只有宠爱自己，才能享有长久的健康和美丽。所以我们要学会与自己的身体对话，你能聆听她的呼吸，她的喜悦，她的成长。远离外界的侵扰，摆脱疾病带来的痛苦，让自己变得挺拔、轻松、舒展，优雅而有活力。

# 第 8 天　端庄典雅——让你坐出高贵和优雅

Day 8

## 卫莲说：坐出健康与好身材

“坐着”这个动作占据了我们生活中大量的时间。我们坐着工作、坐着吃饭、坐着开车……很多人坐出了肥胖和疾病，坐出了身材变形，坐出了腰椎间盘突出……孩子上课坐着，补习坐着……很多学生坐出了扣肩驼背和脊柱侧弯，这些不正确的姿态影响了孩子的发育和健康成长。

有些人一坐下就像一堆泥，是“瘫”在椅子上的，就是大家常说的“葛优躺”。

而正确、优雅的坐姿不仅可以让你保持好身材，保持健康，还会提升你的气质。

## 查一查：你的坐姿正确吗

有些人坐得端庄大方，有些人坐得知性优雅，而有些人却坐得粗鲁没教养，甚至还有人坐出“风尘味”……这些不良、不雅的坐姿实在让人不敢恭维。

## 学一学：优雅地入座

●优雅入座五部曲。

我们从入座那一刻开始，就要带给人与众不同的感觉。所以，我们要掌握优雅入座五部曲：一迈，二并，三探，四抚裙坐，五整理。

**迈**：按照国际惯例，从椅子的左侧入座。当我们前面没有遮挡的桌子，有足够的空间时，就先迈左脚进去，形成交叉步，这样比较优雅。而不是迈右脚形成大开步，这样穿短裙时就不雅了。

当然，优雅的仪态也不是一成不变的。当我们前面有比较高的桌子，且桌椅的距离比较近时，交叉迈步就没那么方便，这时也可以先迈右脚进去。当左边的位置靠墙，或者不方便时，也可以从右侧入座。

**并**：左脚迈进去，右脚收回并拢。

**探**：在入座之前，先用一条腿的小腿肚轻轻触碰一下椅子，确认好椅子的位置。

**抚裙坐**：当女士穿裙子领子又比较低时，一定要轻抚裙摆，同时轻轻压住前方领口防止走光。当做好这些，就可以优雅从容、腰背挺直地坐下去了。

**整理**：坐定之后，轻轻整理一下。

●优雅入座礼节。

一个面试者去面试，考官说，小伙子你不要紧张，我们只是随便聊聊。小伙子说我不紧张。那个考官就说，你真的不要紧张。小伙子又说，我真的不紧张。考官说，你真的不紧张吗？小伙子就说，我真的不紧张。考官就发火了，说，你不紧张，你坐在茶几上干吗？

这虽然只是一则笑话，但是需要注意的是，大庭广众之下一定要坐在椅子、凳子等常规的位置。千万不要坐在桌子、窗台、地板上，那都是失礼的。

在他人之后入座。出于礼貌，与多人同时入座时，先请对方入座，自己切勿抢先。

从座位左侧入座。如需用餐，上臂和背部可以靠到椅背，腹部和桌子保持约一个拳头的距离。

注意主次。与他人同时入座时，应当注意座位的主次，并且主动将上座相让于人。

毫无声息地入座。入座时动作要轻、缓、稳，不要有噼里啪啦拖凳子、窸窸窣窣坐下的声音。

以背部接近座椅。在他人面前入座，最好背对着自己的座椅，这样就不至于背对着别人。得体的做法是先侧身走近座椅，背对其站立，右腿后退一点，可以用膝关节或小腿确认一下座椅的位置，然后顺势坐下。必要时，可以用一只手扶着座椅的把手。

向周围人致意。入座时，若附近坐着熟人，应主动跟对方打招呼。若不认识身边的人，也应该先向其点点头。在公共场合，要想坐在别人旁边，还需要先征得对方的同意。

*注意：女士无论采用何种坐姿，无论是身着裤装还是裙装都不可双膝分开。

## 练一练：端庄优雅的生活坐姿

坐姿分为生活坐姿和造型坐姿。生活坐姿的特点是好看、舒服、持久。造型坐姿的特点是好看，但既不舒服也不持久，仅是为了在镜头前1秒钟的定格。

我们学习的主要是生活中常用的坐姿。

●并步：

（1）正面并步，要求3个90°，即身体与大腿成90°、大腿与小腿成90°、小腿与脚面/地面成90°、这个坐姿从侧面看非常端庄优雅。多位第一夫人在正式场合使用过这种坐姿。

（2）侧面并步，要求从膝盖、小腿到脚踝要全部并拢，并且脚尖要顺着小腿的方向延伸出去。注意脚尖不要回勾。个人可以根据习惯选择左侧并步或者右侧并步。注意，如果使用这种坐姿时只是膝盖并拢，脚踝不并拢，也不会好看哦！

●交叉步：

（1）正面交叉步，这是英国皇室女性成员常用的一种坐姿，尤其是英国女王。年纪大的女性如果用并步坐姿膝盖容易分开，而使用正面交叉步姿势膝盖就不容易分开。

（2）侧面交叉步，采用这种坐姿会显得腿部线条非常的修长、流畅和优美。注意脚尖不要回勾。

●双腿交叠式：俗称“二郎腿”，训练后我们称它为侧翘美腿。很多人跷的二郎腿，既不雅观，也不礼貌。如果你旁边有同伴，那么你的鞋底不要对着别人，因为鞋底通常很脏，或者没撕掉鞋底的标签，直接对着别人很不礼貌。如果双腿没有完全交叠在一起，是不够雅观的。

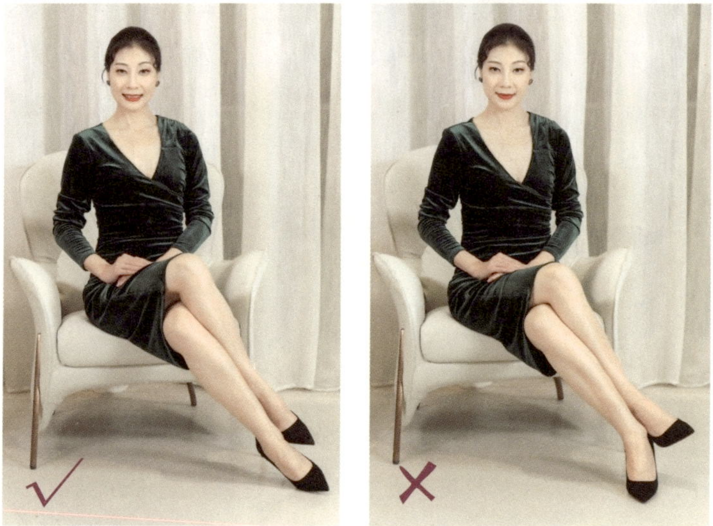

侧翘美腿式坐姿就是一只脚的脚尖顺着小腿的方向向外侧延伸，另一只脚搭上去，将双腿完全交叠在一起，交叠后的两腿之间没有缝隙。侧翘美腿在网络调查中是男士公认的女性最优美的坐姿。采用这种坐姿时把腿越往侧面放就会越修长、越迷人，越往中间收就会显得越端庄。

*注意：这种坐姿比较适合在社交场合展示女性个人魅力时使用。在上司、客户、长辈面前和正式场合最好不要使用。几乎所有国家的第一夫人和英国皇室的女性成员从来不会在公众场合使用这种坐姿，她们通常使用并步和交叉步坐姿。仪态跟服装一样是分场合的。

从健康的角度来讲，短时间使用这种坐姿没问题，比如拍照，为了在镜头面前展示超美大长腿，可以用，但不建议在生活中长期使用，因为它对我们的健康不利。长期使用这种坐姿，会导致骨盆歪斜、静脉曲张、妇科疾病等问题。

●前伸后屈式：该坐姿要求一脚在前一脚在后的同时，脚的内侧还要在一条线上。这种前伸后屈式的坐姿，腿比较适合放在中间。

●丁字步：同站姿的丁字步，只需前后替换左右脚即可。这种丁字步的坐姿，腿也比较适合放在中间。

*注意：坐下时尾椎不是向下坠，而是向上提。当坐姿正确时，不容易有肚子、大腿变粗、双下巴等问题。老板椅虽然豪华，但对腰椎不好，因为无法让人坐直。坐的时间很长，把腰立起来能很好地保护腰椎和颈椎。

## 记一记：练习不可少　坚持很重要

今天的练习是端庄优雅的生活坐姿。

在生活中使用这五种坐姿，持续练习 21 天，直到养成保持优雅坐姿的习惯。记得，在生活中，不管是穿裙装还是裤装，无论采用哪一种坐姿，都不可以将双膝分开哦！

每日打卡（8）

| 天数 | 第1天 | 第2天 | 第3天 | 第4天 | 第5天 | 第6天 | 第7天 | 第8天 | 第9天 | 第10天 | 第11天 | 第12天 | 第13天 | 第14天 | 第15天 | 第16天 | 第17天 | 第18天 | 第19天 | 第20天 | 第21天 |
|---|---|---|---|---|---|---|---|---|---|---|---|---|---|---|---|---|---|---|---|---|---|
| 练习次数 | | | | | | | | | | | | | | | | | | | | | |
| 练习收获 | | | | | | | | | | | | | | | | | | | | | |

## 寄语

优雅的仪态、高贵的气质不是一蹴而就的，雅和俗都是一个积累，一个重复了一千遍一万遍的行为就很难再改变。

如果一个女人每天的言行举止是粗糙、粗俗的，是毫无忌讳、毫无遮拦的，时间久了，别人就会说，这是一个粗人。如果一个女人每天的言行举止是优雅、有气质的，时间久了，别人就会说，这是一个有修养、有气质的人，别人就不敢怠慢你。通过日常坐姿的仪态训练，每天有意识地培养自己优雅的习惯，一段时间之后，你就会发现自己已经与众不同了。

# 第9天　款步姗姗——让你走出风度和气质

Day 9

## 卫莲说：仅是走路有气质，就能在人群中一枝独秀

据说，在民国时期上海的淮海路和南京路上，民众只要看到一个女人很优雅、很有气质地走路，就会猜测说：“这是从大使馆出来的女人，可能是大使夫人。”并且他们还会主动让路。可见，一个人走路的风度与气质多么重要。

2009 年 4 月，在法国对西班牙的国事访问中，当时西班牙的王妃莱蒂西亚和法国第一夫人布吕尼的会面成了人们议论的焦点，她们走路的背影比 T 台走秀还要吸引眼球，两个人迷人的身材、优雅的气质，令全世界为之倾倒。

即使一个女人相貌平平，如果走起路来很有风度和气质，也会是人群中一道靓丽的风景线，走在大街上会有很高的回头率。

## 查一查：这些走路姿势，毁你没商量

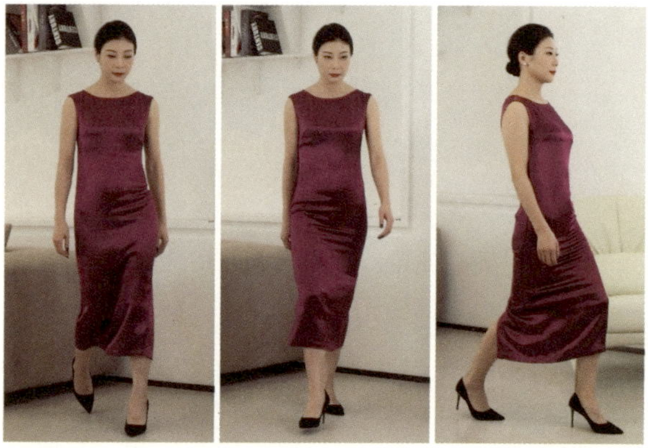

在大街上，100 个走路的人当中出众的有几个？我做过无数次调研，得到的答案是平均 2 个。虽然走路人人都会，但要走出优雅高贵、很有气质的感觉，是要通过后天的训练的！

生活中很多人走路的姿势是内八字、外八字、走路拖跟等，这些不良的走路姿势非常影响女性的形象和气质。

很多日本女生是用内八字姿势走路，看起来很可爱，但长久下来会形成 O 型腿。

电视剧里面的“黑道大哥”，很多就是用外八字姿势走路，看起来很拉风。如果你有用外八字姿势走路的习惯，一定要注意，使用外八字姿势走路会让膝盖向外，显得没气质，腿型也会变丑，甚至形成 X 型腿。

走路拖跟则会让你给人的感觉是做事拖拖拉拉、拖泥带水，会影响别人对你的印象。

走路时上半身左右摇晃的人，会让人感觉不稳重，甚至还会显得轻浮和浅薄。大家闺秀、名门淑女几乎没有这样的走路方式。

影视剧中训练专业演员时的定位：头先走是乞丐，肚子先走是孕妇，老人则要把腿上的力先卸掉。而扣肩驼背、向前伸脖子走路的体态，不仅会显得没气质，还会显老态。

## 学一学：如何走出风度和气质

走路属于动态美，是一个全身协调的过程。看似简单，其实是最难的一个动作，要想走出风度和气质，还真是要花一些工夫。

走路有很多的关键点，比如说，脊背是行走中最优美的线条，因此通过练习使脊背和颈部变得优雅非常重要。还有腰部的力量，腰部没有力量走路时就会整个人向下坠，时间久了，就会导致臀部下垂，大腿变粗，大腿两边的肉就会多一块出来。腰部有力量才能给你很好的支撑。腰不仅要有力，还要柔软、有弹性，具有韵律感，在保持挺拔的同时，注入婀娜的女人味；还有控制重心、控制平衡以及把握步伐节奏等。通过对多个部位的身体控制，走出优雅迷人的步态。这些都是可以通过后天训练达到的。

在这里，我会重点跟大家分享最实用、最常用的关键点——摆臂和迈步的轨迹。

●关于摆臂。

肩：把双肩舒展打开，肩会看起来更窄，背影也更美。

如果你是扣肩或者肩背部的肉很厚，就会看起来虎背熊腰，影响你走路时摆臂的美感，建议你好好练习“健康挺拔的体态”的内容，尤其是“第 2 天　香肩秀色——5 招让你的肩部变纤薄”这一部分的内容。

手臂：手臂是体现女性优雅的地方。让肘关节顺着身体的曲线向内收，手臂呈现“)(”的形状，会让你的背影看起来很修长。不要让肘关节向外扩，手臂呈现“( )”的形状，只要肘关节一外扩，你的上半身在视觉上就会变横、变宽，显得粗犷。

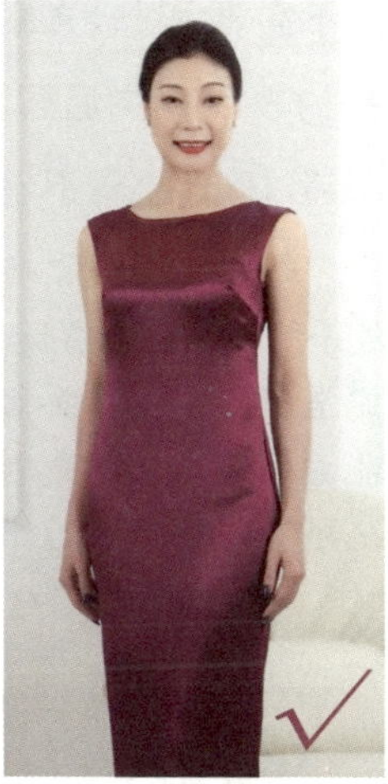

虎口：双手虎口永远正对前方，不要经常握拳，也不要弯曲手指，而是让手自然下垂去找地面。如果你还找不到手型的感觉，可以去找两支笔，用类似写字的感觉握住，让笔似掉非掉，这就是走路时最自然的手型了。

●摆臂轨迹。

对于生活中的我们，最优雅的姿势就是手臂外开 15°，这样会显得身体曲线更漂亮。手臂外开 15°，这个度数是个约数，在生活中是不需要太过较真拿尺子量的。

向前摆约 30°，向后摆约 30°，向前摆时大臂不超过胸，小臂不超过肚脐。

*注意：走路时是摆臂而不是甩臂，如果甩臂、甩手腕，就会显得随意。往后摆时，不是把手完全藏起来，而是让人隐隐约约可以看到手指。手腕内侧不是刻意地碰臀部，而是轻轻地碰了一下胯部的外侧。

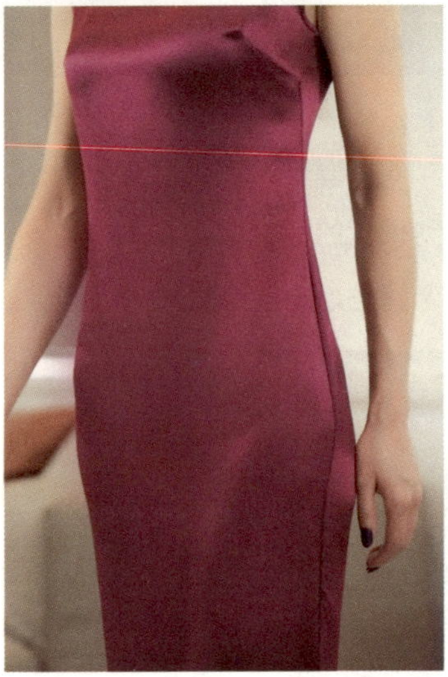

●关于迈步。

（1）脚：

①脚的摆放。准备迈步时时平行步站立，而不能用内八字步或外八字步站立。

②脚的行进。脚跟先着地，再到脚尖，即“跟落掌接趾推送”。

（2）腿：走在一条直线上，能让人显得修长。如何知道我们是不是走在一条直线上？看镜子，迈步时腿与腿之间没有缝隙。在没有镜子的情况下，后腿上来时能轻轻碰到前腿的腿窝，说明走在一条直线上。

腿和膝关节要有力度。很多女性走路的时候，腿和膝关节没有力度，非常影响气质。所以膝关节要蹬直。

步伐大小以自己一脚到一脚半的长度为宜。

## 练一练：优雅走路的实用训练

要想走好，一定要先站好。在训练步态之前先进行站姿训练，可以选择“九点背靠墙”或者其他站姿，循序渐进地训练，详细参考“第 7 天 亭亭玉立——让你站出自信和挺拔”。在走路过程中，腰背挺直是行走中最优美的状态，需要将双肩打开，将腰背立直，将颈部“拉”起来。

●练习 1：半脚尖走路。

你可以穿上舒适的形体训练平底鞋，进行半脚尖走路练习。

让脚跟离开地面，踮起脚尖，把身体重心放在脚尖上。依然是走在一条直线上，同时保持上身平稳，避免左右摇晃。不仅可以提升小腿力量，促进腿部的血液循环，还可以训练走路时显得轻盈和挺拔。

你要如履平地，上半身非常稳定，尤其是头和肩要练习到让别人只看你的上半身，是看不出来你是在用半脚尖走路的。超模是经过大量的穿平底鞋半脚尖走路的基础训练，最后才穿上十几厘米高的高跟鞋，才能在 T 台上展现风采。

●练习 2：慢走虚步。

这个练习的体态要求是核心稳定，用头顶找天，感觉整个人向上立起来。动作分解如下：

（1）将重心放在左脚，右脚脚尖绷直点地，拖到左脚的大脚拇指处。站稳了才走下一步。单腿站立和双腿站立的身体高度是一样的。换腿也是同样的做法。

（2）在大腿膝盖不动的情况下伸直小腿，不要绷脚尖也不要勾脚尖，从侧面看腿会显得很长。控制大腿高度和膝盖方向。膝盖往外拐会形成外八字姿势，向内拐形会成内八字姿势，所以膝盖要对着前方。

（3）在右脚落地之前，脚跟与地面的角度大约是 30°，脚跟先着地，再到脚尖，然后将右脚脚跟重心前移到左脚。落地时，脚尖外开 5° 以内是允许的。不能分太开，分太开就成了外八字姿势。

●练习 3：生活步态。

此环节可以用平底鞋练习，也可以用高跟鞋练习。可以慢速散步、中速走路，也可以适当快速前行。

走路要领：腰背挺直，双肩舒展，脚跟先着地，再到脚尖，走在一条直线上，注意腿和膝盖的力度。

想象自己走在洒满阳光的大道上，你是那么的自信挺拔，那么的优雅高贵，每一段路都是你绽放自我的 T 台，把你优雅高贵的背影留在别人的视线里。

## 记一记：练习不可少　坚持很重要

今天的练习是生活步态。

走路是每天都需要做的，但要走得有风度和有气质，则需要日复一日的练习。从今天起，走路时记住上述要领，持续正确练习 21 天，相信你走在大街上的回头率会大大提高，而且还会收获很多赞美！

**每日打卡（9）**

| 天数 | 第1天 | 第2天 | 第3天 | 第4天 | 第5天 | 第6天 | 第7天 | 第8天 | 第9天 | 第10天 | 第11天 | 第12天 | 第13天 | 第14天 | 第15天 | 第16天 | 第17天 | 第18天 | 第19天 | 第20天 | 第21天 |
|---|---|---|---|---|---|---|---|---|---|---|---|---|---|---|---|---|---|---|---|---|---|
| 练习次数 | | | | | | | | | | | | | | | | | | | | | |
| 练习收获 | | | | | | | | | | | | | | | | | | | | | |

## 寄语

很多人羡慕女明星的魅力，认为明星的魅力在于她们长得好看且拥有魔鬼身材。但美国科学家做了一个实验：把各种类型的女性的头部遮住，让她们走动并做出各种姿势，最后才露出头部，让观众给她们打分。实验结果表明，如果某个女性相貌和身材都不错，但举手投足不够优美，魅力指数就会大打折扣。反而相貌身材一般，但仪态优美的女性则会赢得很高的分数。

这个实验说明：女人的风度和气质比完美身材更重要！

一定要投资你的风度和气质，否则它就会暴露你的平庸或遮盖你的优秀！

# 第 10 天　手如柔荑——举手投足的优雅姿态

Day 10

## 卫莲说：手是女人的第二张脸

手是女人的第二张脸。我们经常会涂护手霜、做手部护理、做美甲等，但光有这些就够了吗？我们经常讲“举手投足”这个词，很多女明星就很懂得用手来展示女性的魅力。

汉朝格外重视女子的双手，汉朝在诗歌赞美女子相貌时，多首作品里都特别提到她们的双手。比如：“纤纤擢素手，札札弄机杼”“指如削葱根，口如含朱丹”等。

从这些诗歌中不难看出，汉朝的美女评判标准中，女子双手的纤细灵秀占有重要地位，类似现代选美比赛中的三围指数。当然，汉朝人这样重视女子的双手，与当时的手工纺织业发达有很大的关系。汉朝诗歌中，美丽女子都是勤劳之人。在今天，这双手除了是勤劳的，它还是知冷知热的，它还是如水般轻柔的……

## 查一查：你习惯用哪种手部姿态

你是否见过，很多人习惯摆出这样的手部姿态？双手交叉于胸前。心理学研究表明，这是一种自我保护行为。双手交叉于胸前，可以保护胸腔里最重要的脏器，但容易给人一种拒人于千里之外的感觉。如果表情严肃甚至还显得强势，这样的肢体语言会破坏你的亲和力。

如果你也喜欢使用双手交叉于胸前的姿势，不妨换个做法，让一只手的手背托住另一只手的肘关节，这是一个中性的肢体语言，男士和女士都可以使用，有没有感觉比刚才好一些呢？在很多杂志封面上，这个姿势是成功人士常用的一种手部姿态。

一天的工作结束了，你准备去赴一个聚会或者约会，这时你的身份不再是那个叱咤风云的商场精英或位高权重的女领导，而是一个女人。这时你的手部姿态如果在第二种姿势的基础上做一些调整的话，你会怎么做呢？

如果你看过日本舞和芭蕾舞的话，就会发现，日本舞的舞者经常将手掌展示给观众，这会给人比较死板的感觉；而芭蕾舞演员总是展示手的侧面，则让人感觉他们的手非常的优美和纤细。所以要想使我们的手展示出优雅美丽的感觉，最关键一点，是把手的侧面展示给别人。

你看，只是将手型调整为侧面，是不是就可以显示出手的纤细优美和女性魅力呢？

## 学一学：如何在举手投足间展现优雅

手部姿态应该注意以下几点：

●手的侧面示范。

（1）用大拇指去找中指，是以拇指为主要发力部位去靠近中指，不要捏住，距离也不要很大，以大概可以捏住一颗红宝石的距离为宜。

（2）指尖是要往远处延伸的。

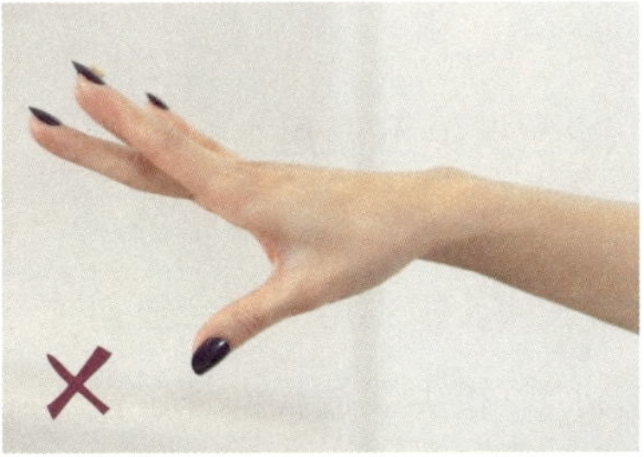

●手的正面示范。

（1）从正面看，五个手指不可以散开，否则看起来会很宽，要把手指收进去，把拇指一收进去就显得窄了。这个手部动作容易出现的错误是，有的学员会将大拇指收一半。要从大拇指的根部开始收，这样手就显得秀气了。

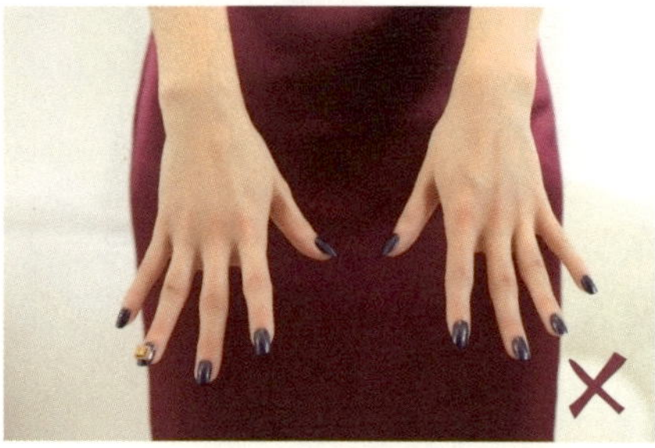

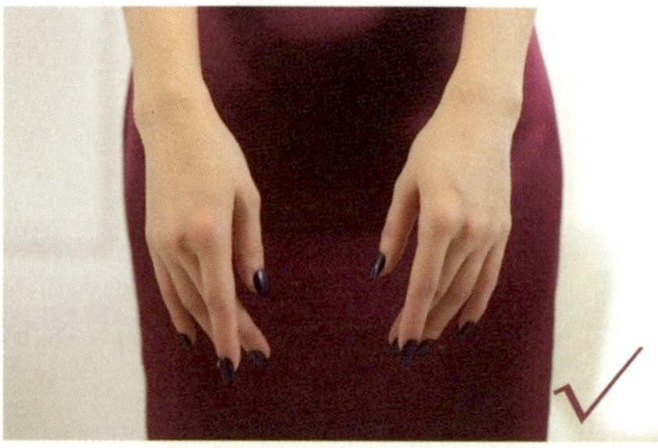

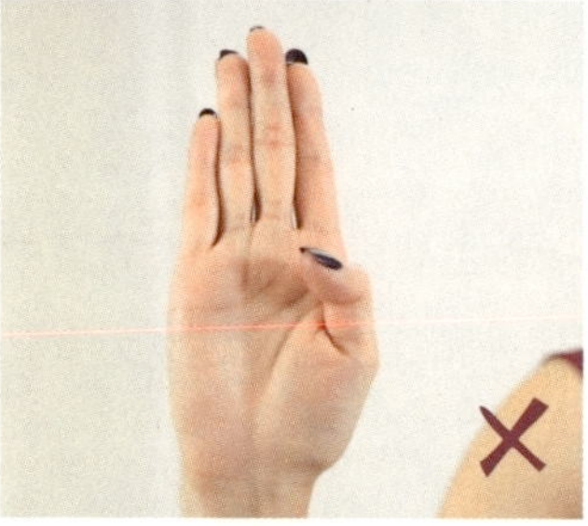

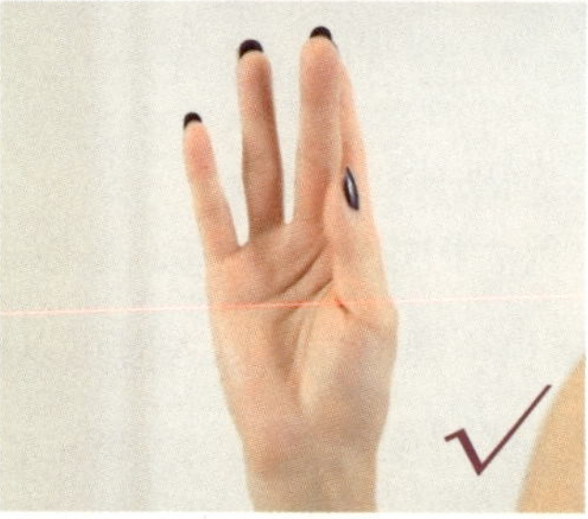

（2）指尖不要用力，这样手看起来才是柔软的、放松的、向外延长的。指尖用力就会显得僵硬，所以指尖要放松向外、向远方延伸。

●如何在生活中随时随地运用手部姿态展示女性的优雅感觉？具体做法如下：

（1）展示戒指的姿势。注意，手腕不能弓起，要压腕。

（2）展示下巴的姿势。展示手部侧面，食指自然微微上翘。不要用拳头抵住下巴。

（3）展示项链的姿势。当你戴上项链的时候，这个手部姿势可以很好地展示你精致的项链。

（4）展示耳环的姿势。依然展示手的侧面。手腕的内侧是非常性感的地方，这也是很多女性会把香水喷在这里的原因。

（5）休闲手势。

（6）优雅地拿红酒杯。

（7）轻托下巴。双手手指交叉，轻轻抵住下巴。

（8）一手搭椅背，一手放在腿上。

（9）拿杯子喝水：优雅地拿。

（10）轻抚发丝。一个温柔的女人轻抚发丝的动作，能让男人怦然心动，这也是手腕的魅力。

腕上风情，你知多少？

长久以来，手腕一直被认为是最能体现女性魅力的身体部位之一，因为这里的肌肤比身体其他部位的肌肤要更加细腻、光滑。类似轻抚发丝的动作就很容易暴露出手腕、手掌。

女性常常会将香水喷涂在手腕的内侧，因为她们相信手腕处脉搏的跳动可以加快香水的扩散速度。事实上，她们这样做是为了在暴露手腕，向“目标人物”发动进攻的同时，利用香水散发出来的迷人香味将对方的注意力吸引到她们的手腕上。

在女性向男士发送示好信号的过程中，她会渐渐地将手腕内侧那平滑柔软的肌肤暴露在她感兴趣的男士眼前，而且随着她对男士感兴趣程度的增加，展露手腕的频率也会逐渐增加。

在男人们眼中，拥有柔软手腕的女子格外娇柔动人。但要注意，展露柔软的手腕虽然可能会为你赢得一次约会，但在各种商务会谈中，会让你的可信度大打折扣，没有了分量感。

●手部肢体语言与腿部肢体语言要上下协调统一。

我们经常讲“举手投足”这个词，就是手部肢体语言也要与腿部肢体语言配合，就像我们穿衣服一样，要上下协调统一。当手部肢体语言很有女人味时，腿部也应该是与之匹配的微曲的肢体语言，而不应该是绷直的肢体语言。

## 练一练：如何练出如水般轻柔的手

“自古江南出美女”，江南女子美丽温婉，带有十分美丽和二十分温柔，柔情似水是江南女子最大的特点。

女人只是会摆手部姿态是不够的，还要通过一些练习让自己的手如水般轻柔。而手的柔软之处在于手腕，所以如果说手腕是僵的、直的，就代表我们的肢体语言是僵硬的。心理学上说身心是属于同一个系统。肢体语言是僵硬的，心也就比较硬一点；就像眼神比较硬的人心也不会柔软，而肢体语言柔软的人，心也比较柔软。

接下来所有手部的练习都要保持手型。手腕先出去，手指再跟随，手腕是“领导”，手指是“员工”。

（1）提腕和压腕练习：在体前或两侧，双手同时做提腕和压腕的柔软练习。

（2）柔软抽丝练习：上下指尖相对，找上下抽丝的感觉，上不过眉毛，下不过肚脐，可同时配合左右动腰和表情。左右指尖相对，左右两手虎口轻轻擦过去，找左右抽丝的感觉。

（3）波浪手练习：好像手在拨弄水一样。左手在上，右手在后腰位置。反方向同理。

（4）内翻腕和外翻腕的柔软手腕练习。

（5）小五花柔软手腕练习。

女人一双柔美的手，不仅仅能摆出优美的动作，更是一双有智慧、有正能量的手。

一起玩个游戏：两个人以最大的力量快速击掌，连续三次，感受自己的手是什么感觉。是不是掌心红红的，还伴随着阵痛？就像我们在一段关系里，如果硬碰硬，是不是会两败俱伤呢？再来看太极，当对方一个猛力打过来时，先把对方的力卸掉，再推过去，往往能四两拨千斤。

此环节学习的不仅是柔软的手部姿态，更是女人如水般的智慧。

《道德经》第四十三章说："天下之至柔，驰骋天下之至坚。"

在下次和他吵架的时候，不要声嘶力竭地怒吼，而要善用温柔的力量。温柔是一种感觉，是所有美丽的言辞都替代不了的感觉，有一种淡淡的味道。

轻声细语的一句问候、柔情似水的一个眼神、安安静静的一个拥抱……几乎所有男人都抵挡不了女人这份温柔的魅力。男人的心再强硬，也抵挡不了女人温柔的心，而一个温柔的女人，想必也是个善良和拥有智慧的女人，是心中有爱的女人。

## 记一记：练习不可少　坚持很重要

今天要进行的是柔软抽丝练习。

拥有如水般轻柔的手是一个优雅女人的标配，如果一个女人的手是僵硬的、粗糙的，就会让她的魅力大打折扣。每天伴随自己喜欢的音乐，在享受中正确练习 10 分钟，持续练习 21 天，不仅手更柔软、做很多的手部姿态更漂亮，还会越来越有女人味呢！

记住，在练习过程中，始终要保持优雅的侧面手型哦！

每日打卡（10）

| 天数 | 第1天 | 第2天 | 第3天 | 第4天 | 第5天 | 第6天 | 第7天 | 第8天 | 第9天 | 第10天 | 第11天 | 第12天 | 第13天 | 第14天 | 第15天 | 第16天 | 第17天 | 第18天 | 第19天 | 第20天 | 第21天 |
|---|---|---|---|---|---|---|---|---|---|---|---|---|---|---|---|---|---|---|---|---|---|
| 练习次数 | | | | | | | | | | | | | | | | | | | | | |
| 练习收获 | | | | | | | | | | | | | | | | | | | | | |

## 寄语

老子说：“上善若水。水善利万物而不争，处众人之所恶，故几于道。”

水遇茶叶，变成茶；水遇咖啡豆，变成咖啡；水遇高粱，变成酒。水遇任何事物，就融于任何事物，成就任何事物，却不彰显自我；水滋润万物，却从不与万物争高下。

水至善至柔。水性绵绵密密，微则无声，巨则汹涌；与人无争却又容纳万物。水有滋养万物的德行，它让万物得到它的利益，却不与万物发生矛盾、冲突，人生之道，女人智慧，莫过于此。

# 第 11 天 温文尔雅——魅力女性的优雅日常

Day 11

## 卫莲说：让优雅成为生活的一部分

蹲下捡东西和背包都是生活的日常，也是养成优雅习惯最好的时机。

蹲下捡东西的姿态不正确，不仅仅是美丑的问题，有时候不小心还会闪到腰，严重者甚至造成腰椎间盘突出！有的人低头捡东西的时候，弯腰弓背，低头撅臀，或者双膝分开。尤其是穿裙子的女性，蹲下的时候两个膝盖分开，这在国外被视为“卫生间姿势”，一不小心还会“春光乍泄”，既不雅观，又不礼貌。

而很多女性有很多包包，但不雅的背包、拿包姿势，会让一个名牌包包瞬间沦为“地摊货”。

## 学一学：女神志玲的优雅秀

模特林志玲在一次签约仪式上，出了点小意外，主办方为林志玲加冕时皇冠不慎掉地。由于礼服较短，她又站在高出地面一米的舞台上，若弯腰或正对观众下蹲都容易走光。正当大家都在为她感到尴尬的时候，专业模特出身的林志玲却应付自如，她把话筒传到左手，不慌不忙地侧对观众，双腿并拢轻轻蹲下，将皇冠捡起……她成功地化解了尴尬，把蹲下捡东西的那一刻变成了自己的优雅女神秀。

## 学一学：捡东西的优雅姿态

女性下蹲时，如果穿着短裙，需要顺势收拢裙摆。当领口较低时，一手向内顺势收拢裙摆时，另一手遮挡于胸前，按着领口，以防走光。如果是高领衣服就没必要捂住胸口。

捡东西时先走向物品一侧，让物品在你的侧前方。一手捡拾物品，另一只手稍微遮挡在两膝之间，并让两腿膝盖稍侧向一边，避免走光。下蹲时，双腿靠紧，合力支撑身体，保持上身的挺拔和延伸感。

千万不要弯腰、弓背、臀部向上撅着捡东西，要腿部靠紧、臀部向下，并注意不要露出内衣。

腿部姿势可以一脚在前，一脚在后；也可以是交叉式。

蹲姿在生活中很多地方都可以用到，比如在超市买东西的时候，你可能需要下蹲才能看到货架最下面一层的物品，在你专心挑选的时候，一定要注意自己的姿势，不要一不小心就走光了。学会上述姿势，蹲下的时候就能既安全又优雅，仪态万千。

蹲姿除了在捡拾物品时会用到，在人多拍照时，与小孩、老人或者坐在轮椅上的人交流时也会使用到，在很多其他场合也都会使用到，因此要特别注意下蹲的仪态。

## 练一练：背包 / 拿包的优美姿态

包，是我们生活中必备的随身物品，但怎样拿或者背才更好看、更优雅呢？下面几种优雅的背包姿势，轻轻松松为你的美丽加分！

单肩背包：这是最常用的背包姿势，此时如果手臂是下垂的，人就不显高；如果手扶着包或包的带子，人就会显得高挺。

包太重的时候要注意不宜背在肩上，因为过重的包容易让人的衣服变形，从而影响体态美，而且经常单肩背包会导致一边肩高一边肩低，所以我们在背过重的包时，要经常轮换着肩来背或改用手提着。

如果要带的东西实在太多，必须分装成两个包时，最好能够背一个提一个。千万不要一个肩上同时背两个包，一边手拿一个包也不好看。

手挽包：将包置于肘关节处，小臂朝下，显得端庄大方，这种姿态适合较成熟的女性，英国女王就经常用这样的背包姿势；小臂向外朝上，显得活泼。注意，手掌侧面朝向别人会更漂亮哦。

手提包：当手提着精致的小包时，可以适当微提一点手腕，会更有女人味。当然，这个微妙的细节要在悄无声息中进行哦。

手拿包：这种方式一般多用于晚会的晚装包。晚装包一般都很华丽，有漂亮的装饰，你千万不要一双大手抓在包中间，而要多用手的侧面线条和手腕来展示女性魅力。这种包如果放在腹部的位置，可以用来遮挡肥胖的部位。

信封包：信封包夹在腋下显得雍容华贵。这种背包的姿势要注意，背包的那边手臂尽量贴着身体，横向收紧，会让人感觉比较修长。

优雅的女性选择包时应注意，包的大小最好是臀部的 3/4，肩背的包不能低于臀部。梨形身材的人要避免包刚好落在臀部的位置，因为包加上臀部，身体中间部分给人感觉更宽，而且别人的视线也很容易就落在这里，应该扬长避短。

## 记一记：练习不可少　坚持很重要

今天的练习作业是优雅地背包。

肘关节向后收，扶着包带，腰背挺拔，这样优雅地背包，这样自信地行走。持续练习 21 天，让身体形成记忆，让优雅成为习惯，让别人对你的赞美和欣赏成为生活的日常，你会喜欢上这种成为女神的美好感觉！

每日打卡（11）

| 天数 | 第1天 | 第2天 | 第3天 | 第4天 | 第5天 | 第6天 | 第7天 | 第8天 | 第9天 | 第10天 | 第11天 | 第12天 | 第13天 | 第14天 | 第15天 | 第16天 | 第17天 | 第18天 | 第19天 | 第20天 | 第21天 |
|---|---|---|---|---|---|---|---|---|---|---|---|---|---|---|---|---|---|---|---|---|---|
| 练习次数 | | | | | | | | | | | | | | | | | | | | | |
| 练习收获 | | | | | | | | | | | | | | | | | | | | | |

## 寄语

优雅的仪态不仅是一种美的演绎，更是一种修养的彰显。

如果优雅的仪态只是被用于吸引他人或者仅为了在社交中不失体面，那就变成了表面的姿态。如果让优雅的仪态成为你真实的素养，你在任何场合与任何人接触时会让他们感觉莫名的舒服。

优雅的境界很高，但入门的门槛并不高，曾经听人说起过俄罗斯女郎的浪漫优雅，哪怕她贫困得只剩下一个卢布，也会为自己买一支玫瑰花，而不是可以充饥的面包，这样的优雅让人吃惊，也让人感动。

# “优雅高贵的仪态”自测题

1. 你平日的仪态，向人传递的信息是?

   A. 自信、有教养　　B. 给人印象平平　　C. 粗糙、粗鲁

2. 仔细观察你在社交活动中的照片，你的仪态是?

   A. 修长挺拔，端正优雅

   B. 时而优雅，时而“路人甲”

   C. 基本都是别人的背景和陪衬

3. 是否有人经常夸你有气质?

   A. 经常会有　　B. 偶尔会有　　C. 没有

4. 路过镜子的地方，你通常会?

   A. 看着镜子，欣赏自己

   B. 看都不看一眼

   C. 看着镜子，嫌弃自己

5. 你平常的站姿是?

   A. 挺直站立　　B. 能靠就靠　　C. 东倒西歪，站没站相

6. 你平常的坐姿是?

   A. 腰背挺直，双膝并拢　　B. 能靠就靠　　C. 怎么舒服怎么坐

7. 你走路的姿势是?

   A. 很有气质　　B.“路人甲”　　C. 不好看(内八字、外八字、拖跟等)

8. 你走在大街上的回头率?

   A. 很高　　B. 还可以　　C. 没什么回头率

9. 你的手部姿态?

   A. 很柔软　　B. 还行　　C. 很僵硬

10. 你的手部肌肤状态是?

A. 细腻白皙　　B. 有些干燥　　C. 粗糙多纹

11. 你的指甲状态是?

A. 光亮而修长　　B. 修剪整齐　　C. 边缘不整齐，有污物

12. 你认为仪态会影响你穿衣服的好看程度吗?

A. 影响很大　　B. 有些影响　　C. 没什么影响

13. 你是如何看待那些仪态不好的人?

A. 没教养、没受过良好教育

B. 觉得没什么

C. 觉得真实，有亲切感

14. 心理学的理论认为，身心属于同一个系统。你认同吗?

A. 很认同　　B. 基本认同　　C. 不认同

15. 你认为，母亲的气质优雅与否，会对下一代造成很大影响吗?

A. 影响很大　　B. 有些影响　　C. 没什么影响

如果你的答案有 12 个或 12 个以上选 A，恭喜你，说明你的仪态优雅高贵，相信你的仪态能让你在人群中一枝独秀!

如果你的答案有 7 个以上是 B 或者 C，说明你还需要努力哦!

如果你的答案大部分是 B 和 C, 不要告诉别人，自己知道就好，你要狠狠地补课了!

# 魅力女性的神态

神态，是“态”的灵魂。

微笑，眼神，以及在苹果肌、眼轮匝肌等脖子以上的部分露出的所有面部表情，皆是神态。

神态，是一个人的态度最直观的表达，直接影响人际关系和幸福指数，更会影响一个人的面相。

如果一个女人爱抱怨，她就会有抱怨的表情，这个表情本来只是一瞬间的，但这个表情如果定格一天，一年，N 年……就会形成相貌，也就是怨相。别人看见就会说这是一个怨妇。

同样，苦的表情做久了，就会形成苦相；嫉妒的表情做久了，就会形成刻薄相。

同样，和善的表情做久了，就会形成慈眉善目的相貌。

你脸的样子，就是你心的样子。

CHAPTER 3

# 第 12 天　巧笑倩兮——魅力女性的优雅笑容

Day 12

## 卫莲说：你脸的样子，就是你心的样子

如果在大街上迷路了，你会选择什么样的人问路呢？面善的、爱笑的、拉着脸的、没表情的、冷漠的、凶巴巴的……几乎所有人都会选择面善的、爱笑的人问路。

人们相信，一个面善的人，心也是善良的，因为脸的样子就是心的样子。

经常微笑的人的面相与神态给人温暖、幸福、宽容、吉祥的感觉，微笑容易拉近彼此的距离，人们愿意相信他们，愿意接近他们，愿意向他们寻求帮助，也愿意为他们提供更多帮助，让他们拥有更多的机会。所以说，微笑吸引着幸运和财富！

笑容的潜台词是：我是友善的，我是友好的，我没有攻击性，我不会伤害你……

俗话说“一笑值千金”，说明了笑容的高价值；“一笑泯恩仇”，说明了笑容的威力。

无论种族、肤色、语言、国界，微笑都是打开人们心扉的世界通用语言，它可以马上拉近人与人之间的距离。在一项调查中，调查者询问了数名男士：你最喜欢的女性面部表情是什么？答案大部分是微笑。女人的微笑和眼泪一样，具有让男人无法抵挡的杀伤力。

在空乘行业，为了让每位空姐在面对乘客时都能保持亲切大方的微笑，民航公司专门开设了笑容课，告诉每个学生她哪一刻的笑容是最美的。同时在挑选未来空姐的时候，笑容甜美也是其重点考核标准，对参加面试的众多靓丽女孩来说，会不会笑，笑得是否亲切自然成了一道不折不扣的难关。有的女孩虽然长得很漂亮，妆也化得漂亮，但在面试过程中始终难有笑容，这样的“冷美人”显然与强调微笑服务的空乘行业无缘。一些长相不那么惊艳但笑容甜美的“邻家女孩”反而可以脱颖而出。

在日本一家航空公司的客服部门，客服人员都在办公桌上放一面镜子，在接电话之前，对着镜子先微笑，再说话，结果顾客对客服的满意度大幅提高，因为带着微笑讲话，声音会变得更加温柔。

一些名人也经常通过镜子练习迷人的微笑。

当然，真诚的微笑应该是发自内心的，要口到、眼到、心到、情到，从心里把对方当成自己最诚挚的朋友，这样的笑容才是最美、最打动人心的。

都说，爱笑的女人运气都不会太差，让我们一起学习如何拥有迷人的笑容吧！

## 查一查：后天相貌是如何形成的

你是否见过这样的一些表情：生气、苦、怨、冷漠、嫉妒、谄媚的表情……

表情是瞬间的相貌，相貌是凝固的表情。

如果一个女人经常觉得自己是个受害者，觉得自己很苦，就会有苦的表情。维持苦的表情，一天，十天，一年，十年……就会形成苦相，别人就会说这是一个苦命的女人。

如果一个女人经常一肚子怨气，就会有怨的表情，时间久了，就会形成怨相，别人就会说这是一个怨妇。

如果一个女人经常是嫉妒的表情，时间久了，就会形成刻薄相，别人就会说这是一个刻薄的女人。

如果一个女人一直维持这些表情，即使用再贵的化妆品，天天进美容院，也很难漂亮。所以美要由内而外，美是整体而不是局部。

如果一个女人内心积极阳光，豁达开朗，经常面带微笑，时间久了，微笑的表情会凝固成慈眉善目的相貌，而慈眉善目的相貌会给你带来健康、机会、福报和好运气。

## 学一学：绽放迷人笑容的“三块肌肉”

你笑的时候，皱纹是否会增加？嘴巴是否会变大？脸是否会变宽？

笑的时候应该是脸部肌肉的上下移动，而不是幅度很大的左右移动。

脸上有很多精细化的肌肉，但绽放迷人的笑容有三块肌肉最为重要。

●第一块：嘴角肌。

笑容是从嘴角开始的。为什么嘴角的练习这么重要呢？因为当人与对方的距离大于或等于握手距离时，作为人的本能，视线最先注意到的是嘴角。

若嘴角向上，眼睛会变细，会让你看起来更加温柔。

嘴角向上不仅是外形上的，而且会让你心情愉快。“嘴角向上，大脑会感到愉快，而且会真的高兴起来”，这种表情和心情的相互关系，已经被大脑生理学的研究所证明。

嘴角不咧开没那么好看。嘴角咧开很重要，那嘴角该往哪个方向咧呢？

第一种：嘴角往两边咧开，找耳根的方向。

第二种：嘴角往斜上方咧开，找苹果肌的方向。

答案：第二种。如果用第一种方法，会显得脸宽。嘴角是需要咧的，但应该是嘴角往斜上方找苹果肌的方向，感觉苹果肌往上顶，这样你笑的时候，下巴会变尖，脸会变长。

一个人不可能每时每刻都笑得很灿烂，所以有1°到5°五种不同程度的笑容。

1°：淡淡的笑，苹果肌微微上扬，近距离交流时用。

2°：浅浅的笑，嘴角比1°上扬一点。

3°：不露齿笑到极致。

4°：露齿微笑，如空姐的笑容，目的是表示亲和力。

5°：灿烂的笑，如“维密大秀”的模特的灿烂笑容，目的是感染别人。

人们出去旅行或者在夏天会戴墨镜，如果不露牙齿，戴上墨镜人很容易变得很酷、很严肃，有些小孩子甚至会被吓哭，因为看不到你的眼神无法判断你是好人还是坏人，但是如果你嘴角上扬，露齿微笑，就会好很多。如果嘴角清晰地向上翘起来，露出洁白的牙齿，你看上去会很温柔。所以，露出牙齿，可以更好地传递笑容。

*注意：露牙齿笑的时候，不管露几颗牙齿，最好不要露出牙龈哦。

●第二块：苹果肌。

当人喜笑颜开时，有一种“气”会让脸上的肌肉隆起来，这种“气”俗称喜气。

曾经有一个男孩带着女朋友回家见父母，结果男孩的妈妈坚决不同意儿子的婚事，说女孩不爱笑，脸上没有喜气。这个故事虽然有点极端，但也由此可见父母们大多都喜欢儿媳妇一脸喜气，认为这样的女孩子有兴家旺族的好面相。

经常顶着一张苦瓜脸的人，苹果肌容易塌陷，给人感觉就没那么有福气。

当嘴角往斜上方找苹果肌的方向时，你就会感觉苹果肌隆起。很多从事医美行业的人都知道，要想显得年轻，饱满的苹果肌是必不可少的，所以有的人会打玻尿酸或采取其他手段，让苹果肌饱满起来。

●第三块：眼轮匝肌。

眉毛对人的神态、表情影响非常大。我们经常说：眉飞色舞、眉开眼笑、眉目传情、喜上眉梢、扬眉吐气、愁眉苦脸、眉头紧锁、“一双似喜非喜含情目”“万般风情绕眉梢”……眼睛和眉毛是连动的，这一块的肌肉叫作“眼轮匝肌”。眼轮匝肌不灵活的人很难露出笑容。提起或落下眉毛，就能简单地使眼轮匝肌得到舒展。

著名的歌唱艺术家宋祖英在演唱的时候，就很擅长用眉毛的舒展和提落来让表情变得更丰富，让笑容更灿烂。

## 练一练：360° 都美丽的笑容

1. 嘴角肌练习

（1）一次性筷子的练习。首先，用上下各两颗牙齿轻轻横咬住筷子。这时要留意自己咬住筷子的时候，嘴角的位置是比筷子的水平线高还是低。低的人就不容易有笑容，高的人更容易露出笑容，笑的时候要清晰地露出你的牙齿。

接着，提起嘴角。咬住筷子并把嘴角使劲拉到不能再上升的位置为止，定好最高的位置，保持 30 秒。这时要检查自己的嘴角是否在筷子的上面及是否左右平衡。

最后，轻轻地拿下筷子。这个时候的嘴角是微笑时最美的形状。请牢牢记住，多加练习让自己能够随时做出这个表情。检查自己这时能够露出几颗上牙齿?

需要注意的是，只要用上下各两颗牙齿轻轻咬住筷子即可，无须咬得太深；当最美的笑容已经形成，在拿掉筷子的那一刻，不要马上让嘴角还原，而是要保持刚才的训练状态，让嘴角肌肉形成记忆。

（2）静态微笑练习。

用一次性筷子固定法，保持微笑的表情 5 分钟，即大概一首音乐的时间，让肌肉产生强烈的记忆。

（3）动态微笑练习。

拿出自己的两根食指放在嘴角两端，摆出“一”字的口型；用舌头顶住上颚里面，嘴角拉开，下颌收紧。用力抬高嘴角，往斜上方苹果肌的方向拉伸。下唇迅速与上唇并拢到不露齿的程度。上扬嘴角3秒后，恢复原状，隔 3 秒再次上扬，配上一首喜欢的音乐，如此重复多次。

经过嘴角肌的练习，相信大多数女性都可以在与人接触时，嘴角保持自然上扬的状态，外表也显得更加年轻、柔和。这样做不但会笑得更美，而且原本有下垂趋势的面颊肌肉，经过一段时间的练习后，也会比以前更紧实了。还能让你看上去更自信、开朗，有着堪比整容的效果。

2. 苹果肌练习

拿出自己的两根食指放在苹果肌上，只需要轻轻放在上面就可以了，不需要很大力地按压苹果肌。当你的嘴角弯弯上翘向斜上方找苹果肌方向的时候，苹果肌就会被推起来，就会隆起，看起来就会充满喜气。

如果脸部活动起来，大脑荷尔蒙就会被激活，血液循环加快，气色就会变好。面部肌肉的活动还可以预防皮肤的松弛。

3. 眼轮匝肌练习

锻炼这一块肌肉可以使用提眉的方法。拿出自己两只手的食指放在眉眼之间的位置，不要太高，不要太低，也不要压住上眼皮，只要轻轻地悬空放着即可。让眉头舒展，眼角微微上提，就是我们通常所说的眉开眼笑。为什么化妆时眼角的眼线要向上画？因为这样会让人显得年轻。经常上提眼角能防止眼部松弛下垂。

可以放一首好听的音乐，重复多次练习眉毛提落，每次保持 3 秒钟。你会发现，只要向上提起并落下眉毛，就可以让心情变得愉快起来。

在提落眉毛的过程中，有些女性可能会有抬头纹，如果有的话，你可以做两件事情：一是让眉头舒展；二是不要提眉头而是提眉尾。

还有些女性，可能眉毛提不起来，那也许是你的眉肌长时间没有受到激活和训练。人们脸上的肌肉和身上的肌肉一样，如果没有经常训练就会退化，反应就会慢一些，而经常练习就会越来越好。

很难想象一个表情麻木、眼神呆滞的女人会有吸引力，如果你的神态和表情越来越生动，你将会是一个更可爱和更有趣的女人。

人不是因为幸福才有了笑容，而是有了笑容才越来越幸福。

刘赛是 2011 年《星光大道》年度总冠军。她在 4 岁那年出现了严重的视力问题，经医院检查发现，她患有夜盲症、白内障、视网膜色素变性、黄斑变性等多种眼病，只能感受到一米以内模糊的光影，根本无法看清书本上的字。她就这样一个人完成了在湖南艺术职业学院五年的学业，不知道踩了多少个坑，摔了多少个跟头。

2008 年 8 月，她在北京残奥会圣火采集仪式上放声高歌。同年，她的歌声也出现在奥运村的升旗广场、中国剧院、中华世纪坛、中山公园音乐堂等多个大舞台。

2008 年 9 月，残奥会结束，她受到胡锦涛、温家宝、萨马兰奇、菲利普·克雷文等领导人的亲切接见，时任国际残疾人奥委会主席的菲利普·克雷文称赞她的笑容是他见过最美丽、最灿烂的。

难以想象一个盲人站在直径 2.5 米的鼓面上，以一段名为《鼓舞》的舞蹈惊艳了世界。她不仅打败了舞台上的其他选手，更以她的笑容征服了所有人的心。当时所有人都不知道她眼睛看不见。她说："我不希望别人来同情我，我希望和其他的选手站在同一条起跑线上，我希望大家记住的是我的歌声和笑容。"

优雅是什么？就是不会轻易被生活打败，随时随地保持美好！

生命中经历的所有苦难都是通往幸福殿堂的阶梯，你越是遇到挫折，就越要经常面带笑容，这样你会以最快的速度恢复心情，走出困境。

## 记一记：练习不可少 坚持很重要

今天的练习是在生活中运用笑容。

每天至少向5个不同的人主动微笑，主动点头问好。不管对方如何回应，你依然要身心合一地绽放迷人笑容。持续练习21天，试试看，你会有哪些惊喜的发现？我相信，你一定会收获更多的朋友，比之前更受欢迎！

记得，不仅要眼笑、脸笑、嘴笑，还要情笑、神笑、心笑哦！

每日打卡（12）

| 天数 | 第1天 | 第2天 | 第3天 | 第4天 | 第5天 | 第6天 | 第7天 | 第8天 | 第9天 | 第10天 | 第11天 | 第12天 | 第13天 | 第14天 | 第15天 | 第16天 | 第17天 | 第18天 | 第19天 | 第20天 | 第21天 |
|---|---|---|---|---|---|---|---|---|---|---|---|---|---|---|---|---|---|---|---|---|---|
| 练习次数 | | | | | | | | | | | | | | | | | | | | | |
| 练习收获 | | | | | | | | | | | | | | | | | | | | | |

## 寄语

**微笑（节选）**

一个微笑，花费很少，
价值却很高，
给的人幸福，收的人需要。
一个微笑，仅有几秒，
而留下的回忆，终身美好。

没有人富，
富到对它不需要，
也没有人穷，
穷到给不出一个微笑。
…………
如果在匆忙中，
我忘记了给你微笑，
请原谅我，
而善良醇厚的，
你能否给我一个你的微笑？

笑容需要从“形”到“心”。形，就是从外形上要让对方清楚地看出来你的笑容。心，就是指从心里散发出的真心微笑。

笑的表情会更容易引发开心的心情。让笑容时常挂在脸上，真的会开心起来。据说人在心情愉悦时，心脏会分泌一种叫缩氨酸的荷尔蒙，它会杀死体内95%的癌细胞。所以，喜乐的心乃是良药！

# 第 13 天 美目盼兮——魅力女性的灵动眼神

Day 13

## 卫莲说：眼神是通往心灵最近的路

眼睛是心灵的窗户，而眼神是通往心灵最近的路！

一个人的眼神清澈，意味着这个人简单和干净；一个人的眼神明亮，意味着这个人拥有激情和梦想；一个人的眼神深邃，意味着这个人阅历丰富和充满智慧；一个人的眼神慈悲，则意味着这个人心中充满爱和温暖。而如果一个人的眼神浑浊、呆滞和麻木，则意味着这个人的生活混乱、性格无趣。

在戏剧表演中，有一句话是：一身之戏在于脸，一脸之戏在于眼。可见眼神的重要作用！

梅兰芳是一代戏剧大师，用他姑妈的话说，当年他的眼睛长得有缺陷，完全看不出一代大师的影子。可梅先生就是通过努力训练眼功，以眼神作为他表演的另一种表达形式，使得他的表演大放异彩，在舞台上技高于人。

有的演员在生活中眼睛挺大，可是到了舞台上观众却看不到他的眼睛；而有的演员，本人眼睛并不大，可是一上台，观众却一点也不觉得他的眼睛小，这就是“眼神”的作用。演员在舞台上眼睛的大或小，是观众的审美感觉，它不在于演员本人眼睛的大或小，而是在于眼睛是否有“神”，这里面藏着运用眼神的技巧。

电视剧《西游记》中孙悟空的扮演者六小龄童，刚开始拍摄的时候他有600度近视和200度散光，拍出来的镜头眼大无神，看一个物体的时候，眼睛只会瞪着，往左、往右，再回来，然后笑……导演说，他的眼神太机械了，根本就没有一种鲜活的感觉。

为了练就孙悟空的“火眼金睛”，他想了三个办法，经过日复一日的练习，终于练成了。是哪三个办法呢？

第一个办法是看别人打乒乓球。在球桌搭好之后，他就站在网中间，头不动但眼睛跟着乒乓球走，上、下、左、右……第二个办法是晚上点一炷香，把灯都关掉，找香的香头。需要看得很仔细才能找到这个香头，找，就是在练视点。第三个办法是早上看日出，不眨眼睛看20分钟，这样当现场拍摄的光束很强时，他仍然可以不眨眼睛演上20分钟！不过这是演戏需要，大家不用特意去模仿！

## 查一查：常见眼睛情况

常见的眼睛情况：近视、弱视、斜视……

不良的用眼习惯：长时间看手机、看电脑、玩游戏等。

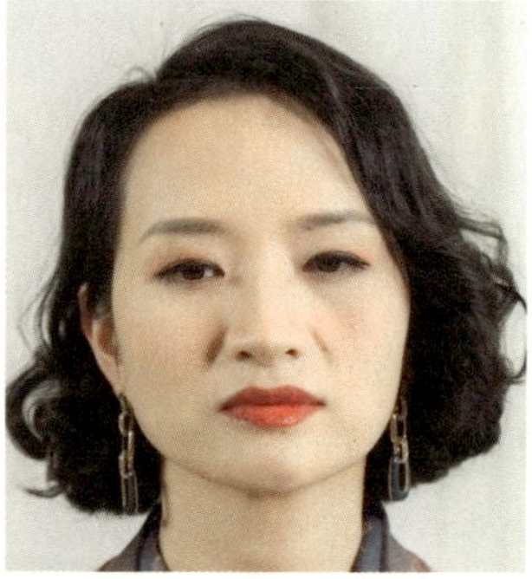

## 学一学：眼神的灵动和聚焦

●灵动的眼神。

俗话说，人老珠黄。如果一个女人面无表情，眼神呆滞，她的魅力就会大打折扣。

灵动的眼神的训练，不仅可以让你的眼睛灵动有神，而且可以预防近视、弱视、斜视等眼睛问题。因为人的眼球是由四条眼直肌在控制上下左右转动，如果眼球长期得不到运动，眼睛就会看起来呆滞无神。斜视也是由于四条眼直肌发育不均衡造成的，所以灵动的眼神的训练不仅适合成人做，也适合孩子们做，可以帮助他们缓解眼疲劳，预防近视。

近视的原因有很多，遗传，早产，营养不良，不良是看书习惯，看手机和电脑时间过长导致眼睛疲劳，眼睛长时间处于紧张的状态等。长期佩戴有框眼镜，视线区域会变小、变窄，眼角会下垂，眼睛会呆滞无神。灵动的眼神练习，可以让眼球变得灵活，舒缓眼睛疲劳，同时还可以预防和改善外眼角下垂的状况，是预防眼部衰老的好方法。

●聚焦的眼神。

2019 年庆祝中华人民共和国成立 70 周年的大阅兵，带给我们太多的民族自豪感。英姿飒爽的中国军人们更是圈粉无数，他们矫健挺拔的身姿和整齐划一的步伐，让外国媒体直呼：这是怎么做到的？

因为，阅兵训练标准极高，要求极其严格。

“40 秒不眨眼，站军姿 1 小时不晃动，保持姿势 2 小时不变形，长达 3 小时军姿耐力练习，还有每天将近 1000 次的拍抢和呼号发声练习，这些都是常态练习。”每一名参阅官兵，都需要经过严格的审核，无论是身体外形、面部表情，还是自身形象等，都有着严格的要求。

在阅兵前的女兵训练场，记者采访一位女兵：“在 40 秒不眨眼的过程中，要传递怎样的信息？”女兵回答：“要坚定，有力量，有责任感，要让祖国和人民有安全感，相信我们值得托付！”

我们作为普通人，不需要像阅兵的官兵那样训练眼神，但依然需要做聚焦练习，让我们在有需要的时候，眼神中充满力量与威严，也可以更有定力和气场。尤其是经常看手机和电脑的我们，累的时候，让自己的眼睛放松一下，可以看外面的绿植，盯住一个点看，不眨眼睛，直到眼睛酸胀流下眼泪来。泪水是对眼睛最好的滋养，它能冲刷我们眼睛里的垃圾和抚慰心灵的创伤，比世间任何一种眼药水都要好。

眼睛经常干涩的人很适合做这个练习，但戴隐形眼镜的时候就不要做了。

## 练一练：灵动的眼神

我们经常讲“神形”，神与形是密不可分的。眼睛是心灵的窗户，作为一名有魅力的女性要注重眼神的训练，下面的这组练习就是通过眼部的运动让我们的眼神灵动起来。

（1）伸出一只手的食指。

（2）向左、右两个方向交替移动手，同时眼随手动，而头尽量不动。

（3）向上、下两个方向交替移动手，尽量做到向上看到天花板，向下看到地板。同样要眼随手动，而头不动。

（4）让眼珠随手指呈V字形移动，这时你会感觉眼角的部位有点胀胀的，同样要眼随手动，而头尽量不动。这个练习有助于防止眼角的下垂。

（5）手指沿顺时针或逆时针方向画圈，尽量画一个呼啦圈般大的圈，让你的眼珠在眼眶里充分活动开来，同时要眼随手动，而头不动。

做完练习之后，你可以快速搓热手掌心，轻抚眼睛，消除一下疲劳。

一名极具魅力的女性，哪怕身体不动，头不动，只是眼神看向不同方位，也能展现出完全不同的神态效果。

## 记一记：练习不可少　坚持很重要

今天的练习是灵动的眼神。

练习灵动的眼神好处太多了，除了预防和改善各种眼部问题，还会让一个女人变得可爱、有趣。每天正确练习 5 分钟，持续练习 21 天，相信你的眼睛会变得更加灵动、会“说话”。

记得，在练习时，只能眼随手动，而头不动。

每日打卡（13）

| 天数 | 第1天 | 第2天 | 第3天 | 第4天 | 第5天 | 第6天 | 第7天 | 第8天 | 第9天 | 第10天 | 第11天 | 第12天 | 第13天 | 第14天 | 第15天 | 第16天 | 第17天 | 第18天 | 第19天 | 第20天 | 第21天 |
|---|---|---|---|---|---|---|---|---|---|---|---|---|---|---|---|---|---|---|---|---|---|
| 练习次数 | | | | | | | | | | | | | | | | | | | | | |
| 练习收获 | | | | | | | | | | | | | | | | | | | | | |

## 寄语

眼睛不仅要看，还要看见。眼神不仅要灵动，还要有温度。

你需要经常看见自己，在每一个太阳升起的早晨，凝望镜中的自己，给自己一个善意的微笑。

你需要经常看见身边的人，在每一个在一起的时刻，深情凝望对方，让他感受到你的爱和温暖。

对一个人最大的爱，就是我的眼里只有你。

对一个人最大的伤害，就是你在我的眼前，我却无视你的存在。

奥黛丽·赫本说："要想嘴唇美丽，请多说赞美的话；要想眼睛漂亮，请多看别人的优点；要想拥有苗条的身材，请将食物分享给饥饿的人；要想拥有自信的态度，请去学习你从未学习过的知识。"

从此刻开始，用你美丽的眼睛去看这个五彩缤纷的世界吧。

# 第14天 回眸一笑——魅力女性的万种风情

Day 14

## 卫莲说：让人心动的回眸瞬间

白居易在《长恨歌》里用了绝妙的笔墨来描述杨玉环的惊艳出场：回眸一笑百媚生，六宫粉黛无颜色。

在《红楼梦》里，也有一个关于回眸的故事。

《红楼梦》中有一位默默无闻的幸运小角色，她就是甄家的丫鬟娇杏。《红楼梦》开篇中写道，娇杏在甄府偶然间看到贾雨村，被他的一表人才吸引，就忍不住回头多看了两眼。

贾雨村当时正处落魄时期，看到一女子对自己多看了几眼，心中十分欣喜。他认为是自己十分有才华，才获得了女子欣赏，便决心如果他日飞黄腾达，一定回来娶她。之后贾雨村中了进士，又官路亨通，果然回头娶了娇杏为妾并与她诞下一子。半年后，正妻病故，娇杏被扶为正妻。整个过程中，因娇杏的回眸，她从小丫鬟变成了贵妇人。

这两个故事虽然人物境遇大相径庭，但都反映出女子的回眸神态别具一番风情。

## 查一查：生活中的回眸状态

生活中很多人都是怎么回眸的呢?

大多数人都是在扣肩驼背、脖子前伸的时候，没有任何觉知和意识地转头，自然就会出现一脖子颈纹了。

当回眸出现很多颈纹时，就会暴露一个女人的真实年龄，还会显老。一条颈纹会让人显老 10 岁。所以，做得好看就是“回眸一笑百媚生”，如果做得不好看，就是回眸一笑“吓死人”了。

## 学一学：优雅回眸三部曲

想象一下，晚上有一个晚宴，很多媒体都会到场，你是被邀请到的重量级女嘉宾，扎着高高的发髻，穿着露背的晚礼服，你每次转身回眸的仪态都是非常优雅高贵，你的美貌让人回味无穷。其中一个知名杂志邀请你做他们杂志的封面主角，想要拍摄一张你转身回眸的照片，你可以怎样做呢？以下回眸三部曲定能为你添彩。

第一，肩以下不动，只转头。这样做不会有颈纹，只能看到很美的侧面轮廓线。不要低头，而是将视线微微往下看。

第二，胸部以下部位不动，从下往上转，再从下往上回。即胸部先转再带动肩膀和头转，回的时候也是胸部先回再带动肩膀和头回，动作做正确肯定不会有颈纹。

第三，腰部以下部位不动，从下往上转再从下往上回。即腰部先转再带动胸、肩、头转，回的时候也是腰部先回再带动胸、肩、头回，动作做正确肯定不会有颈纹。

没有颈纹的前提是“拉”起脖子和打开肩。详细知识点可参阅“第 1 天 玉颈生香——5 招让你的颈部变优雅”和“第 2 天 香肩秀色——5 招让你的肩部变纤薄”。

以上回眸三部曲，在社交场合中使用更好，在严肃职场中使用不太合适。在职场中，比较适合的是后退一到两步再转身离开。

## 练一练：回眸在生活中的运用

如果你去别人家做客，你前脚刚走，别人后脚就把门“咣当”一声关上了，你的心里会是什么感受呢？是不是心里有些失落呢？同样，你的朋友开车送你回家，如果你“砰”的一声把车门关上，然后头也不回就走了，对方是否会感到心里不舒服呢？但如果你一边走一边回眸笑着跟朋友说：谢谢你送我回家，我先走了，改天见。对方是否会开心很多呢？我相信会的。

回眸姿势不仅在晚宴上和照相时可以使用，在生活中，当有人在背后叫你、当你与人道别时等，都可以练习使用。回眸走 1~2 步就可以了，非常自然。

## 记一记：练习不可少　坚持很重要

今天的练习是优雅回眸三部曲中的第三个动作在生活中的运用，即腰部带动上半身扭转完成回眸。

回眸姿势使用好了，能增添你的女性魅力。如果你是女大学生，在每天放学时回眸跟同学说再见；如果你已经是走进社会的女性职场精英，每天跟同事道别，可以一边走一边回眸笑着跟你的伙伴说，拜拜，我先走了，明天见。每天正确练习 3 次以上，持续练习 21 天，相信你已经在无形之中变得优雅了。

每日打卡（14）

| 天数 | 第1天 | 第2天 | 第3天 | 第4天 | 第5天 | 第6天 | 第7天 | 第8天 | 第9天 | 第10天 | 第11天 | 第12天 | 第13天 | 第14天 | 第15天 | 第16天 | 第17天 | 第18天 | 第19天 | 第20天 | 第21天 |
|---|---|---|---|---|---|---|---|---|---|---|---|---|---|---|---|---|---|---|---|---|---|
| 练习次数 | | | | | | | | | | | | | | | | | | | | | |
| 练习收获 | | | | | | | | | | | | | | | | | | | | | |

## 寄语

这里节选席慕蓉《回眸》里的诗句，让我们再次感受回眸之美。

前世的五百次回眸换得今生的一次擦肩而过
我用一千次回眸换得今生在你面前的驻足停留
问佛：要多少次回眸才能真正住进你的心中
佛无语，我只有频频回首
像飞蛾扑向火
可以不计后果 可以不要理由
回眸 再回眸

# 第 15 天　媚眼含羞——魅力女性的千娇百媚

## 卫莲说：低垂眼帘的温柔之美

**沙扬娜拉·赠日本女郎**

最是那一低头的温柔，
像一朵水莲花不胜凉风的娇羞，
道一声珍重，道一声珍重，
那一声珍重里有蜜甜的忧愁——
沙扬娜拉！

这是徐志摩在 1924 年随印度著名诗人泰戈尔访问日本时所作，是他在与一位日本女郎分别时有感而发作的一首诗。虽然没有具体描绘出日本女郎姣好的容貌，却展现了她温婉含蓄和略带羞涩的神态。

你可能是公司总裁、商界精英、会计师、律师……但你同时是一个女人。撒切尔夫人曾经说过，一个女人一生当中所犯的最大的错误，就是忘记了自己是女人。

几年前，有一种服饰非常流行，厚厚的垫肩，衣服材质是非常硬的，剪裁都是有棱有角的，甚至还有肩章和铆钉，把女性塑造成了一个女强人的形象，几乎没有女性特质。

后来那些设计师们发现这种设计的商业价值不高，不利于社会和谐，于是他们开始慢慢改变，衣服的设计不再有厚厚的垫肩，铆钉也少了，线条也变柔和了，连牛仔布料都替换成了轻薄的面料。女人应该有女人的样子，因为只有女人像女人，男人才会更像男人。

## 查一查：女强人的眼神是怎样的

老鹰的眼神是聚焦的眼神。因为老鹰需要在万里长空中寻找猎物，所以它一定要用聚焦的眼神，目标明确、眼神有力量地去追捕。

但女性如果在平时生活里用这样的眼神会显得太有杀气，身边的人都会被吓跑的。使用这样的眼神的人去相亲失败率会很高，因为给人感觉不够温柔和亲切。但在职场，谈判场合，或者需要表达威严和立场的时候可以使用这种眼神。

抬头——高昂的下巴会展现出桀骜不驯的个性。

如果把头部高高昂起，同时下巴向外突出，就会显示出强势、无畏或者傲慢的态度。人们可以通过这个姿势刻意地暴露出自己的喉部，并且让自己的视线处于更高的水平。这样就能以强势的态度俯视他人，会让自己更有威严感。

### 学一学：让他心动的约会眼神

头部倾斜能体现女人的可爱与娇羞。把头部向一侧倾斜是一种顺从的表示，因为这个姿势不仅暴露出人们的喉咙和脖子，还会让人显得弱小和缺乏攻击性。这个姿势起源于婴儿把头靠在父母的肩膀和胸脯上休息的动作。一个毫无威胁并且看起来非常温顺的女人，在大部分异性眼里都是极具吸引力的。

只有当两个人彼此眼神相交时，才算是真正形成了互相沟通和交流的基础。

以约会为例，整个过程中，最好是放慢自己的动作，起身和坐下都要稍慢一些，特别是拿起杯子喝水时一定要放慢速度，这样才能显示你的优雅和魅力。刚聊完一个话题，不用马上又找一个话题，这时你可以拿起杯子喝口水。

【场景描述 1】怎样比较容易有“来电”的感觉呢？你可以低垂目光，慢慢拿起杯子，轻轻地喝一小口，慢慢地把杯子放下，然后再抬头微笑地看着对方。这场景会让你更加的优雅和有魅力，会给对方留下很好的印象。记住，整个过程不要看他，一看他就会破坏这种美感，因为这个时候他在欣赏你，当你轻轻地喝完水，慢慢地抬起头，微笑地看着他的时候，他也正在看你，四目相对，“唰”地就“来电”了。

首次约会的理想时间是一个半小时到两个小时之间，成人集中注意力的时间就在这个范围内，时间太长，会觉得累和乏味。

【场景描述 2】在某个场合，你一眼就看到了一位言行举止得体、非常潇洒、有风度的男士，但他并没有注意到你，你可以一直看着他，看久一点，他一定会有感觉的，他会感觉到有一双眼睛在看着他，你可以不用说话，但你的眼睛可以像胶水一样把他“粘”过来。等他注意到了你，你就可以不用看他了。然后再重复一次，等第三次他再看你的时候，你就可以跟他四目相对了，这时候双方很容易“来电”，他一定很好奇，很想了解这双眼睛的主人到底是怎样的一个女人。这样你就为自己赢得了机会。也许会因此而真的在一起了，我想他一定很难忘你第一次看他的眼神。

长久的注视会激发亲密的情感。还记得美国电影《魅力师娘》中女主角边喝红酒边抽烟的画面吗？她就是用这样的眼神“粘”住了一个超级帅哥，大家可以去看看这一幕。

## 练一练：眼神的收放自如

●关于眼神的虚实练习。

眼睛的情绪是由眼皮来控制的。

虚的眼神：眼皮是放松的，是无焦点的，是散的，是远的……

实的眼神：眼皮是用力的，是有焦点的，是盯住一个点看的，是定的，是近的，是有力量的……

模特走秀时的眼神是虚实交替的，给自己间歇式的放松。

生活中眼神的使用，也是介于虚与实之间的。

●关于眼神的收放“U”形练习。

影视剧里的美女角色看别人很少是直勾勾地看，也很少从扇子或帘子后面用一双大眼睛瞪着别人。为了表现古代美女的眼神魅力，她们一般都是先低垂眼帘，然后再很合时宜地慢慢抬起头来。

眼神的收放“U”形练习的具体方法是，男女两人面对面站立，想象在你们之间有一只蚂蚁做“U”形路线的移动，你的眼神路线就如同这只蚂蚁一样在你们两人之间进行曲线移动。具体的移动路径是：对方的眼睛—对方的鼻子—对方的嘴巴—对方的胸前—对方的肚脐—对方的大腿—对方的小腿—对方的脚尖—地面—自己的脚尖—自己的小腿—自己的大腿—自己的肚脐—自己的胸前—对方的眼睛。

在这个眼神移动的过程中，要让你的眼神有收有放，如此重复多次。如果你不好意思和男生对练，可以找一个女性朋友练习，或者在家里自己对着镜子练习。经常练习，你自然会在需要的时候，做到媚眼含羞，展现魅力女性的千娇百媚。

## 延伸知识：

女人宽阔的视野让她们能够一眼看遍男人的全身，在对方毫无察觉的情况下，就已经从头到脚把对方看了个清清楚楚。

男人是“管状视野”，他们在打量女人时，目光的移动特别明显。这也就是为什么男人在近距离和女人打交道时，常常会因为目光在女人身上不安分地扫来扫去而遭到责骂。尽管调查显示女人的目光其实比男人更不安分，但却很少被逮到。

在早期的生活中，男人的职责是狩猎，需要集中注意力搜寻远处的猎物。由于长期进化，男人具有一种长距离的管状视野，使他们能全神贯注于猎物。而女人需要更广阔的视野，以便及时发现巢穴附近的入侵者。这是因为女人作为守护者，为了保护家庭的安全，她需要探寻周围环境中的危险信号，具有优秀的短距离定向能力和灵敏的感觉，能及时察觉出别人的行为及外表微小的变化。而男人天生有冒险精神，他们喜欢征服世界。因此，当男人进入婚姻的围城时，比女人更容易感到疲惫，他们幻想着能遭遇一点新鲜的刺激，这就像一个孩子总想爬到树上去眺望更远的地方一样。

男人在第一次见到某个女人时，见面后的 20 秒，他会先打量这个女人的头发、双腿、身材以及整体的精神面貌。所以，如果女人一开始就执着地与男人进行目光交流，会限制男人的视线。于是男人不得不在谈话的过程中，不断地偷瞄女人身体的其他部位。

解决的方法是最开始见面时，要先给他提供两三秒钟的时间，让他可以从容地上下打量你，形成对你的总体印象。你可以利用这点时间打开自己的包包，也可以整理一下可能用到的资料，把外套挂起来，把椅子拉得更近一点，然后再抬起头看对方。这样就在无意中给了他足够的时间来观察或者欣赏你，待会他就会老老实实坐下来跟你聊天，眼睛就不会东瞄西瞄了。

## 记一记：练习不可少　坚持很重要

今天的练习是眼神的收放“U”形练习。

如果你不好意思和别人对练，可以在家里自己对着镜子练习。在眼神移动的路径中，要让你的眼神有收有放，每天练习 5 分钟，也就是大约一首音乐的时间，持续练习 21 天，你自然会在需要的时候，可以做到媚眼含羞，展现魅力女性的千娇百媚。

每日打卡（15）

| 天数 | 第1天 | 第2天 | 第3天 | 第4天 | 第5天 | 第6天 | 第7天 | 第8天 | 第9天 | 第10天 | 第11天 | 第12天 | 第13天 | 第14天 | 第15天 | 第16天 | 第17天 | 第18天 | 第19天 | 第20天 | 第21天 |
|---|---|---|---|---|---|---|---|---|---|---|---|---|---|---|---|---|---|---|---|---|---|
| 练习次数 | | | | | | | | | | | | | | | | | | | | | |
| 练习收获 | | | | | | | | | | | | | | | | | | | | | |

## 寄语

男人会欣赏、钦佩一个成功、强势的大女人，却会娶一个温柔的、谦和的小女人。只有拥有妻子的特质，才能成为妻子。如果你只像他的合作伙伴，就永远不可能成为他的妻子。

# 第 16 天 一颦一笑——魅力女性的表情管理

Day 16

## 卫莲说：管理表情是智慧

一个平时爱开玩笑、大大咧咧的女孩，如果在正式场合也如此，就显得“傻大姐”了。

在职场时端正，在生活中随和，在社交中亲切，在爱情里妩媚……一个人的表情是情绪的外化。管理表情也是在管理情绪，这是优雅，更是智慧。

## 查一查：这些表情的运用场景合适吗

职场中：妩媚的表情、毫无遮拦的表情。

社交中：拘谨、不自信的表情，傲慢、嫉妒的表情。

约会中：女强人冷冷的表情，严肃、强势的表情。

## 学一学：不同场合的目光运用

在我们的表情语言里，眼睛所传递的信息是最有价值也是最为准确的。

注视的目光以职场常用的目光、社交场合的目光和约会的目光这三类为例。

（1）职场常用的目光——威严、有力量。

想象对方的额头正中长了“第三只眼睛”，把你的目光投向并锁定在假想的第三只眼睛与其他两只眼睛所组成的三角区域内，被你盯着的人就会有被威逼和胁迫的感觉。这种威严的注视不仅会使气氛变得十分严肃，而且能让那些讨厌的人立刻闭上嘴巴。只要你不把目光移到对方眼部以下的区域，压迫感就会始终伴随着他们。在友好或是浪漫的场合，千万不要使用这种威严的目光。

（2）社交场合的目光——亲切、友好。

在普通的社交活动中，注视者的目光主要集中在由对方的两只眼睛和嘴巴组成的三角区域内，大约 90% 的时间里目光都停留在这个三角区域内。这种注视的目光会让对方觉得安心，认为我们没有攻击性。

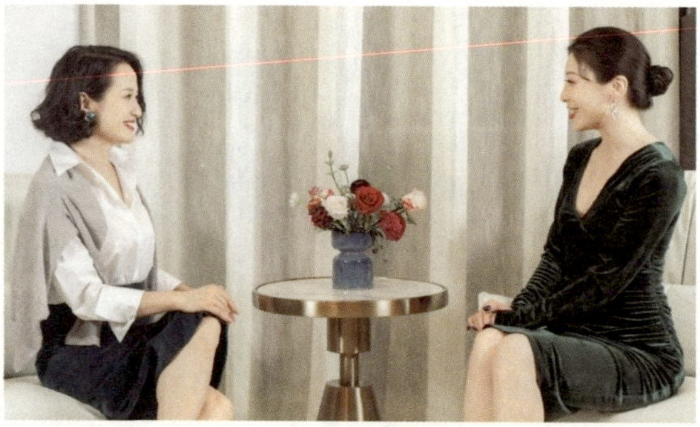

（3）约会的目光——暧昧、浪漫。

带有暗示的暧昧目光一般是从对方的两眼之间往下延伸，一直到下巴以下的身体部位。在近距离相处时，目光投向的部位可能是一个由两只眼睛和胸部组成的三角区域。

●目光禁忌：

（1）忌上下打量的目光。

目光直勾勾地、毫无掩饰地、赤裸裸地在别人的身上和脸上上下打量，是一种非常不礼貌的行为。

（2）忌飘忽不定和不自信的目光。

第一，它会让别人对你产生怀疑，你有什么隐瞒我？你有没有真实地回答我的问题？第二，这种目光会让人反感，甚至会惹怒别人：“你不重视我，不给我足够的尊重。”第三，它让人怀疑你是否“身在曹营心在汉”，你是否在听他说话。第四，它让人猜测“这是个不自信的人”。无论哪一条，都足以让人不喜欢这双眼睛的主人！因为人们只有在谈到自己感到不光彩的事，或者在说谎时，目光才会不自觉地转向别处。

## 练一练：不同注视目光给人的感受

对同一个人，运用三种不同的目光、不同的表情他交流，观察他的反应，同时听听他给你的真实反馈。

## 记一记：练习不可少　坚持很重要

每日打卡（16）

| 天数 | 第1天 | 第2天 | 第3天 | 第4天 | 第5天 | 第6天 | 第7天 | 第8天 | 第9天 | 第10天 | 第11天 | 第12天 | 第13天 | 第14天 | 第15天 | 第16天 | 第17天 | 第18天 | 第19天 | 第20天 | 第21天 |
|---|---|---|---|---|---|---|---|---|---|---|---|---|---|---|---|---|---|---|---|---|---|
| 练习次数 | | | | | | | | | | | | | | | | | | | | | |
| 练习收获 | | | | | | | | | | | | | | | | | | | | | |

## 寄语

有这样一个故事：古巴前主席同时也是古巴的精神领袖卡斯特罗，有一次在作万人演讲的时候，他的随身护士就在他身旁用枪顶住了他，准备执行对他的暗杀任务。就在那个护士准备扳动扳机的那一刻，卡斯特罗很淡定、很深情地看了这个护士一眼，最后护士放下了手枪，后来这个护士成了卡斯特罗一生中最爱的妻子。

眼神竟然有如此强大的力量！一个会运用目光沟通的人一定是个高效的沟通者，而真诚、友爱的眼神可以跨越任何障碍把彼此的关系拉得很近很近。

## “魅力女性的神态”自测题

1. 你看起来比实际年龄？

A. 显年轻　　B. 与实际年龄相符　　C. 显老

2. 大多数时间里，你的内心是？

A. 喜悦的　　B. 喜怒无常的　　C. 惆怅的

3. 清晨起床的第一刻，你的表情是？

A. 微笑的　　B. 没有表情　　C. 不耐烦

4. 你与人第一次见面的表情是？

A. 热情诚恳，自然大方

B. 冷漠平淡，漫不经心

C. 紧张局促，羞怯不安

5. 当你和别人交谈时，你的眼神是？

A. 专注　　B. 有时专注，有时游离　　C. 不看对方的

6. 你平时的眼神是？

A. 灵动的　　B. 还算有神　　C. 麻木呆滞的

7. 你平时的状态是？

A. 经常保持微笑　　B. 笑不笑看心情　　C. 很少笑或不笑

8. 当你笑起来时，感觉如何？

A. 感觉很好　　B. 感觉一般、不自在　　C. 感觉很假

9. 你给朋友打电话时会面带笑容吗？

A. 一定会　　B. 偶尔会　　C. 不会或者没注意过

10. 你会管理自己的表情吗?

A. 会　　B. 偶尔会　　C. 不会

11. 上班时遇到同事，你会?

A. 主动打招呼

B. 以眼神或点头来表达问候

C. 表情漠然地走过

12. 在约会时，你的表情是?

A. 大方、自然　　B. 还行　　C. 不自然

13. 你跟几年前相比，表情发生了什么变化?

A. 爱笑了　　B. 没变　　C. 不爱笑了

14. 你与几年前相比，眼神发生了什么变化?

A. 更清澈了　　B. 没变　　C. 多了沧桑感

15. 你与几年前相比，心态发生了什么变化?

A. 更好了　　B. 没变　　C. 更差了

如果你的答案有 12 个或 12 个以上是 A，恭喜你，说明你有很好的心态，并且表情也很有魅力哦，相信你是一个很受欢迎的魅力女性!

如果你的答案有7个以上是B或者C，说明你还需要努力哦!

如果你的答案大部分是 B 和 C，不要告诉别人，自己知道就好，你要狠狠地补课了!

# 绽放卓越的生命状态

生命状态，是态的综合呈现。

体态、仪态、神态、心态汇聚成一个人的生命状态。

好的生命状态会让女人忘掉年龄，跨越时空，拥有永恒不变的美丽；好的生命状态会让女人忘掉自己处于顺境还是逆境，随时随地享受生活的美好；卓越的生命状态会让女人仿佛插上飞翔的翅膀，在自己的心灵世界里自由翱翔。

CHAPTER 4

# 第 17 天　美艳绝伦——如何在照相时更上镜

Day 17

## 卫莲说：照相是生活中不可或缺的一部分

当一对新人准备结婚时，为什么会拍婚纱照呢？就是想要定格幸福，留住美好。

再比如获奖、升迁、年会等重要场合也一定会照相，但如果拍出来的照片里你都是胖、矮、圆的样子，你就会慢慢丧失拍照的兴趣，并且会删掉不好看的照片。当你把照片删掉，那段珍贵的记忆也就被删掉了。

若干年后有什么能证明你曾经哭过、笑过、鲜活地存在过？照片，它可以忠实地记录下你的一颦一笑、经历过往……

每每翻看旧照片，恍惚间好似时光倒流，每张照片都像在对你讲述曾经的光阴故事：“此情可待成追忆，只是当时已惘然。”

时光，我们无力挽留，但我们不愿留下更多的遗憾。我们希望能够活在当下，享受每一次旅行，定格一个个珍贵、美好的瞬间。

有些地方，也许一生只会去一次。即使以后再去，也不是当时的心情，或许也不是当时陪伴在旁的那个人了。所以要让每一次的旅行不留遗憾，就要将难忘珍贵的瞬间定格成永恒。

一个女人的大气通常是由宽阔的眼界带来的。世界是一本书，见得多了，自然视野宽广，心胸豁达，而不旅行的人只能看到其中一页！

所以我非常喜欢旅行和照相，我认为旅行与照相就是一个发掘美的过程，可以培养你发现美的眼睛，发现美的心灵。在这个过程当中，你可以去感知美，挖掘美，这是对身心的一种熏陶。

著名的摄影师安塞尔·亚当斯说："我们不只是用摄像机在拍照，我们带到摄影作品中去的是我们读过的书、听过的音乐、看过的电影和爱过的人！"

## 查一查：错误的照相姿势

如果在照相时，你常年使用同一个动作、同一个表情，呈现同一种状态，就会显得整个人苍白、单调而无趣。而一个无趣的女人是缺乏吸引力的。

注意：照相时，站着绝不可"好好站"；坐着绝不可"真坐"；躺着并不是让你真的"睡觉"。

照相时，不管是“睡美人”手撑头部姿势还是保持侧翘美腿姿势或是行走中，都只是拿捏着分寸这么做，而不是很实地做动作。如果很实地做动作，第一不好看，第二人会变形。如果真的撑脸，脸会变形，撑脸其实只是让你把手放在脸的旁边，假装在撑而已。侧翘美腿也是假装在翘，否则就会压得腿上的肌肉变形。

照相时要学会利用呼吸。即使同样的姿势，同样的表情，如果你的气息是松懈下去的，照相也会不好看。

## 学一学：如何照相更上镜

●最佳上镜角度。

照相的造型是千变万化的，但同时也是有规律的。我们会发现，模特和明星怎么拍都很上镜，那是因为他们掌握了上镜的规律，所以每一张照片都很好。接下来我们学习的是照相当中很重要的一个内容——最佳上镜角度。

男人有男人的态，女人有女人的态，不光是站立与行走，照相也是一样的。对于男性来说，一般会直直地站着。对于女性来说，在镜头前表现其富有魅力的曲线是很有必要的，尽量让体型曲线分明。在照片的角度上，要注意以下几点。

（1）直直地正对镜头，感觉比较呆板，不能把女性的曲线展现出来。

（2）整个身体太侧不好看。

（3）最佳的上镜角度是 45° ：如果身体侧向右边，只能看到右边胸部的曲线，而看不到右边的大臂，这样上镜才漂亮。

（4）学会下胸腰：如何在表现曲线的同时让身体柔软且看起来有女人味而不是僵硬的？下胸腰可以让最佳上镜角度更具有美感。胸腰是指文胸带所在的位置。

（5）什么衣服不适合形成最佳上镜角度？韩版和宽松的衣服容易显得身体中段很宽，不太适合形成最佳上镜角度。

使用最佳上镜角度拍照的好处是，胖的人会显瘦，直板的人会显得很有曲线感。很多选美大赛的佳丽、演员、模特也很善用这个最佳上镜角度，接下来我们通过几组照片具体看一下最佳上镜角度。

最佳上镜角度的各种站姿：

最佳上镜角度的各种坐姿：

●上半身的上镜规律。

（1）如何在镜头前让自己显得更瘦呢？要点是让下巴微收。站立和行走的时候脖子应该“拉”起来，感觉头顶有根绳子拉着你向上。照相的时候下巴抬起来会显得脸胖。让下巴微收，脸会更上镜。身体找到最佳的角度，脸也要以最佳角度面向镜头。

头与身体的方向不同，可以让造型更富有变化性。

当身体侧面对着镜头时，头正面对着镜头。

当身体正面对着镜头时，头微侧对着镜头。

当身体背对着镜头时，头微后转对着镜头。

（2）如何在镜头前避免出现“麒麟臂”？除了脸，还有两个部位容易暴露女性的真实年龄，一个是脖子，一个是手臂。在照相的时候，很多女性不注意手臂的摆放，通常贴着身体，特别是到了夏天，这样的姿势最容易让手臂的赘肉显现出来，而且遮住了腰部的曲线，照出来的照片惨不忍睹！

正确的做法是：

①双肩向后扩展，让手臂自然抬起，既让手臂显得纤细，又把腰部曲线展示了出来。

②单手叉腰。如何叉腰也是一门学问。是对着镜头的手叉腰好呢，还是背对着镜头的手叉腰好呢？当然是对着镜头的手叉腰好看。叉腰时肘关节向前一点好看，还是往后一点好看呢？当然是往后一点更好看，能凸显腰部曲线。是叉上一点好看，还是叉下一点好看呢？当然是叉上一点更好看，显得腿更修长。

更上镜的做法应该是手放在腰部上面一点，往背后一点。注意手指的摆放，用“一，一，三”的方式，大拇指在背后，食指与其他三个手指略微分开，小指悬空，注意压手腕。

叉腰时，手指撒开、握拳、手腕未下压等都会影响照相的效果。

③手到哪里，人的视线就跟随到哪里。

这些实实在在的“干货”希望可以帮助你拍出美美的照片!

●拍照时如何让下半身显得修长。

每个人都希望自己的身材修长纤细，其实一些简单的小细节就可以帮你轻松达成这个愿望。

（1）一个秘诀就是使用丁字步站立。丁字步比双腿打开更显得身材修长。

（2）手的摆放。照相时，双手相握于肚脐稍上的位置，同时重心上移，可以从视觉上拉长下半身的比例。若双手放于肚脐之下，重心下移，就会显得下半身短；若双手交叉握住，且掌心对着身体，会让人觉得是肚子疼，手型也不漂亮。手掌自然弯曲侧面对着镜头比较好看。

（3）腿的摆放。

①用丁字步站立，可以让腿显得修长。注意前脚脚尖正对镜头，这样脚面会拉长腿部的线条。若脚尖没有对准镜头，从镜头前面看，脚的横切面会显宽，不够修长。

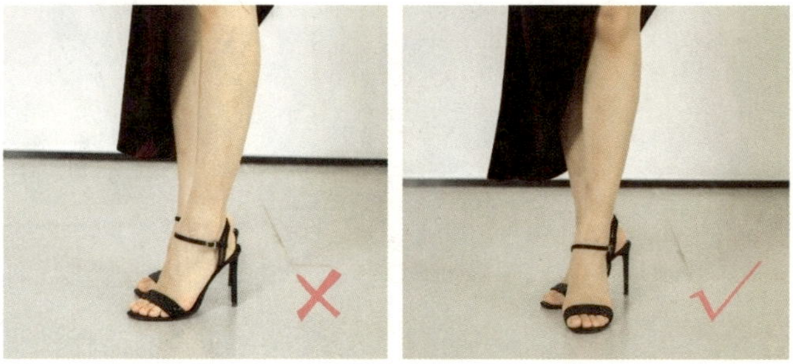

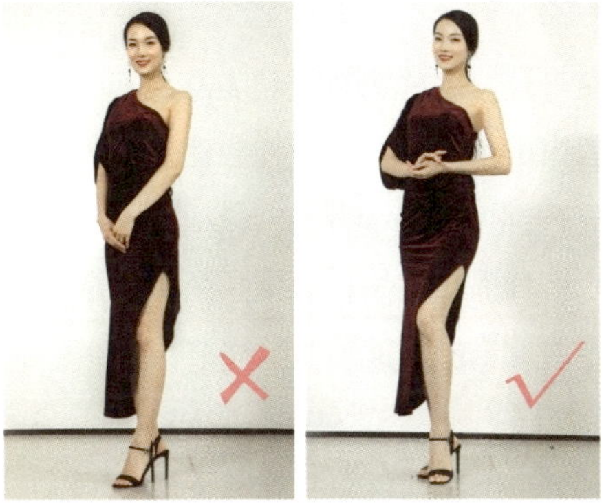


②膝盖的直和曲。采用丁字步站立时，前腿膝盖弯曲，后腿膝盖绷直，显得端庄大方，是适合拍大合照。采用前腿膝盖弯曲的姿势，更能展现女性魅力，尤其穿旗袍和紧身长裙时，会更有曲线美，更有女人味。

*注意：始终保持前脚脚尖正对着镜头，前腿的膝盖向内收。

在不穿高跟鞋的情况下，踮脚尖站立会更显得腿部修长。

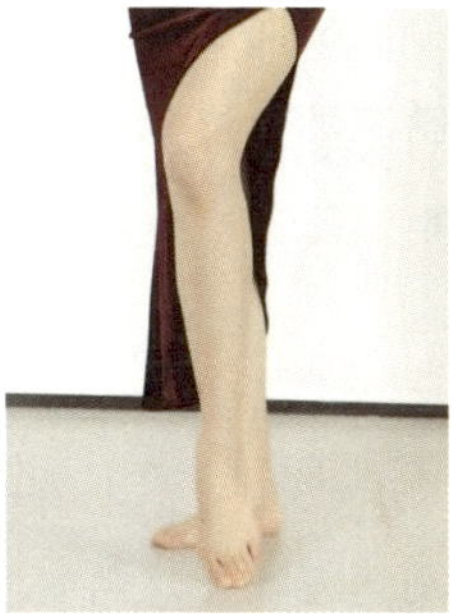

照相时的站姿除了丁字步之外，还有K形腿、交叉步……

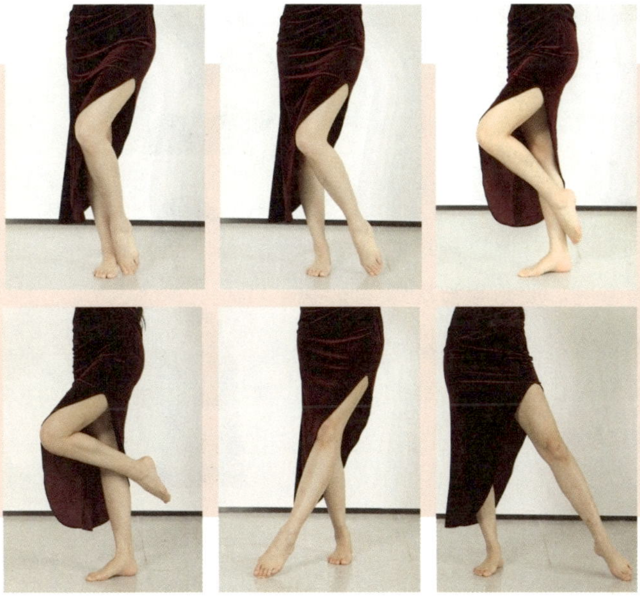

*注意：照相跟穿搭一样，讲究上下协调统一，让人感觉舒服，并且要根据不同的场合搭配不同的照相姿态。

●照相时眼神和表情也是非常重要的。

正所谓：一身之戏在于脸，一脸之戏在于眼。同样的造型和姿态，不同的眼神和表情能营造出不同的意境、不同的内心世界，而这一切会让你的照片看起来更加有血有肉、有故事、有灵魂……

照相的表情千变万化，下面和大家分享十种照相常用的表情和姿势：微笑、温柔、妩媚、冷艳、眺望、羞涩、沉思、发呆、俏皮可爱、回眸。

（1）微笑：微笑是最美的神态。微笑的不仅仅是嘴咧开这么简单，是要发自内心，从而让微笑从眼底透出来。微笑时眼睛不要太聚焦，让眼角带着笑意，眼神会更温柔，整个人看上去也会非常柔和。

（2）温柔：如果微笑是保持头正、肩正，那现在只需肩膀不动只是头微侧就可以。看一下你的左右两边脸哪边更上镜。此时你可以看镜头，也可以看侧面的肩膀，你可以轻抚脸颊，轻轻托腮，轻抚发梢，轻弄衣领……

（3）妩媚：现代女性要懂得在不同的场合展示不同的魅力，就像性感，真正的性感是高贵而不是媚俗的。要想眼神妩媚一点，就不要把眼睛瞪得太大，头可以稍侧一点，眼角和嘴角带笑，再配合肩部上提的动作，妩媚的味道就散发出来了。

（4）冷艳：冷艳与我们常说的高冷或者酷的表情比较接近，是有个性但不是凶。这时嘴角不用太多的微笑，营造出“冷”或者“酷”的感觉。谁说偶尔这样不是另一种魅力呢？在穿硬挺布料的服装，如皮衣、硬的牛仔服时比较适合使用这个表情，穿蕾丝质地的衣服或飘逸长裙等就不适合。

（5）眺望：这个表情里有对远方的向往，有对未来的憧憬，有很多美好的期待在里面。这个表情一般都会带上笑容，而不是毫无表情。不是直接向上看，而是向远方、向上面、向高处看。向上看的时候需要注意，如果直接向上看，视角超过30°就会翻白眼；而向远方的上面看，就需要下巴跟随眼神一起移动。如果在户外，比如在大海边，在草原上，就很适合使用眺望的眼神照相。

（6）羞涩：你还记得第一次谈恋爱时的感觉吗？那种根本不敢抬头看对方，心怦怦地跳的感觉。这是向内收的肢体语言。它和古代女子那种温婉内敛有些相似。“千呼万唤始出来，犹抱琵琶半遮面”道出了女性的羞涩之美。可以低垂眼帘，似看非看。

（7）沉思：眼睛往下低于 30° 看，从镜头里看到的样子就像闭着眼睛，有故事的人会做得更有味道。

（8）发呆：眼神是空洞的，里面什么都没有，什么都读不到。发呆往往伴随着孤独。

（9）俏皮可爱：不管你多少岁，我相信在你的内心深处都住着一个纯真无邪的少女，她轻盈、明亮、阳光、可爱，甚至有些搞怪。

（10）回眸："回眸一笑百媚生，六宫粉黛无颜色"是《长恨歌》里对杨贵妃神态的描写，她的一个回眸让唐玄宗都醉了。

●坐姿照相如何更上镜。

坐姿的变化，主要通过腿部、手部和头部的变化来实现。

其实，控制坐姿有一定难度，一是因为东方人的腿部普遍不够修长；二是如果穿裙子还要避免走光。

采用坐姿拍照时不要瘫坐、塌腰坐、叉开腿坐、陷进椅子坐。不管是正面还是侧面，无论采用哪一种坐姿照相，都注意不要像平时一样坐满整个椅子，否则，无法突出形体的曲线感。身体完全坐入椅子，形成依赖，大腿就会很放松，使腿显得笨重。

正确的做法是，身体向前移，浅坐为宜，腿会显得纤细，并保持挺腰收腹，这样可以避免肩垂肚凸的现象。

## 练一练：如何运用照相规律让每一个姿势更生动

●动态照相如何更上镜。

动态的演绎，可通过抓拍自然生动的瞬间来完成。放慢动作，就可以提高被抓拍的成功率。此时，身体的重心在运动的方向上。

行走时，可穿九分紧身裤配上高跟鞋或运动鞋，配合眼神，体现优雅的感觉。

奔跑或跳跃时，可穿牛仔裤或运动服配上平底鞋，突出肢体动作幅度，体现青春的活力。

旋转时，可穿显腰身的长裙，配合舒展手臂，展示灵动、飘逸的感觉。

●闺蜜、情侣等双人组合照如何拍得更生动。

组合照禁忌：

①太近，两个人完全抱在一起，会显得很腻，没有呼吸的空间。

②太远，没有连接，没有交集与互动，两个人好像不熟悉一样，不是好的组合照。

③当前后一起拍照时，后面的人呈现不完整。

组合照特点：有连接、有互动、有情感、有故事。

（1）闺蜜照。

①两人背靠背。不是真的让你们完全把背靠在一起，而是肩头碰肩头。此时眼睛可以看远方，可以看镜头，也可以看自己的肩头。手臂可自然垂放于身体旁侧，也可以做遮太阳的姿势。

②两人面对面。用最佳上镜角度面向镜头，动作是自己一只手叉腰，同时另一只手轻轻搭在同伴的肩膀上。身体也可以顺势前倾，做出性感迷人的造型。

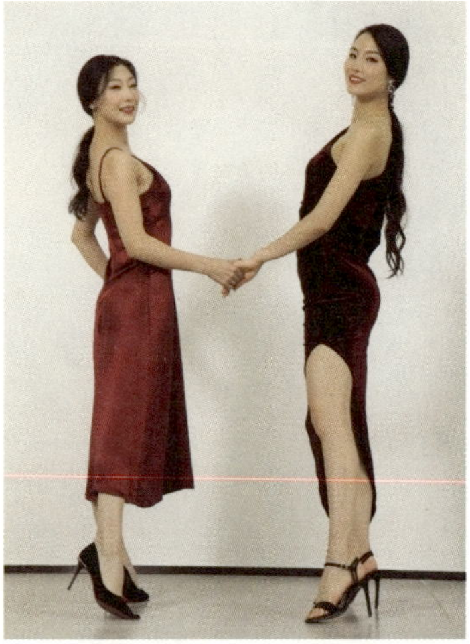

③两人转身回眸。想象一下，你们惬意地走在林荫小道上，后面是摄影师，你们转身回眸露出灿烂的微笑。向内转身比向外转身更有魅力哦。

当然，还有很多其他的闺蜜照姿势，站坐皆可。

（2）情侣照。

和男友 / 先生一起拍照时，让他显得更有男子气概，让自己显得更有女性魅力，回看照片时会更甜蜜哦！

●如何运用道具。

万事万物皆有情。无论我们身处什么环境，身边的一草一木、一个台阶、一扇门……都可以成为我们拍照的最佳道具，只需要我们有一双发现美的眼睛。

随意捡起一片落叶、一根草、一朵花……你可以与它对话，触、看、闻，营造与大自然亲密接触的感觉。

运用身边的道具，可以让造型更富有变化。

## 记一记：练习不可少　坚持很重要

今天的练习内容是照相中的最佳上镜角度。

这个最佳上镜角度是一个万能的照相角度，不管你是站着、坐着，还是靠着、蹲着，有了它，你怎么拍照都好看。每天拍3张最佳上镜角度的照片（可以采用任何姿势），持续练习21天，相信你会成为一个人人羡慕的拍照姿势达人。

**每日打卡（17）**

| 天数 | 第1天 | 第2天 | 第3天 | 第4天 | 第5天 | 第6天 | 第7天 | 第8天 | 第9天 | 第10天 | 第11天 | 第12天 | 第13天 | 第14天 | 第15天 | 第16天 | 第17天 | 第18天 | 第19天 | 第20天 | 第21天 |
|---|---|---|---|---|---|---|---|---|---|---|---|---|---|---|---|---|---|---|---|---|---|
| 练习次数 | | | | | | | | | | | | | | | | | | | | | |
| 练习收获 | | | | | | | | | | | | | | | | | | | | | |

## 寄语

照相就是一个记录生命的过程。如果将人的一生比喻成一部电影的话，你愿意是怎样的一部电影呢？是丰富多彩的、生动有趣的，还是枯燥乏味的？

照片是生命的回忆，当你老了，回看这部由照片串联起来的的微电影，每一张照片都是一个场景、一个镜头、一段回忆。那时候，你或许已经儿孙满堂，他们围着你，听你讲每张照片背后的故事，多么温馨和有意义。

# 第 18 天　秀色可餐——做餐桌上的气质美女

Day 18

## 卫莲说：餐桌上看教养

“吃喝宁著不尽量，莫贪饭碗与酒盅。”这是古代时期《女儿经》中对于女子在餐桌上正确仪态的定义，吃饭时要姿态端庄，衣着洁净，不贪杯，不多食。

孩子从 3 岁开始就进入审美敏感期，到了这个年龄会对衣着打扮、行为举止产生浓厚的兴趣，会突然对美产生很多想法。特别是女孩子，从这个时期开始，她的一生都会一直处在对美丽的探索之中。

孩子模仿主要是模仿行为。一般大人吃相好，小孩子吃相就好。

餐桌礼仪不仅是用餐的仪态、礼仪和方法，同时也能培养一个人对周遭的敏感度，监督自己的举止，这是培养一个人气质的开始。人的进化阶段，首先是吃得饱，其次是吃得好，最后才是注重形而上的东西，比如餐具的摆放、菜肴的色泽及营养搭配等。

## 学一学：优雅的用餐仪态

每天早上我们出门前，梳妆完毕，总会前后左右照照镜子，看自己今天的仪容是否漂亮得体，但吃饭时我们有照过镜子吗？在餐厅里，你可曾见过美女吃饭的丑相、雅女吃饭时的粗相、绅士吃饭时的土相、有钱人吃饭时的贫相？

用餐时，首先，坐姿正确就已经有60分了。否则，妆容再精致，长得再漂亮，也很难跟优雅沾边。

正确的坐姿是：身体离桌子相隔大约一拳的距离，方便更好地进食。在吃饭过程中，不管你笑得多么东倒西歪，都要回到端正的坐姿。

其次，要做到两个“jìng”：干净和安静。

●干净。有些人吃完饭，好像刮了一场龙卷风一样，杯盘狼藉，令人不忍直视。干净指两个方面：一是自己面前的桌子上要干净，鸡、鸭、鱼的骨头聚拢放在一个骨碟里，而不是吐得乱七八糟。纸巾用完不可随便一揉就扔在桌子上，凌乱的脏纸团会让餐桌上显得污浊。正确的做法是使用过的纸巾要折叠收拢起来，桌面就会干净很多。如果要用酱油、辣椒各种调味料，让油污沾的地方越少越好。二是嘴巴要干净，吃饭中不可边吃边说边挥舞筷子，要么说完再吃饭，要么吃完再说话，吃完饭后要及时清理嘴巴上的油渍和牙齿上的食物残渣，有些女性面容很漂亮，可是牙齿上却沾着西红柿皮、韭菜叶子……令形象大打折扣。

●安静。安静也指两个方面：一是在用餐过程中，杯盘碗碟勺之间减少碰撞，保持安静；二是嘴巴咀嚼食物时要安静。有些人吃饭时会发出很大的咀嚼声，生怕别人不知道他的饭菜好吃。越是高级的餐厅越是安静，不管是服务员上菜的声音还是推门的声音，甚至有些餐厅还推出了无声服务，就是为了给客人高品质的体验。

哪些部位决定我们吃相的好坏呢？

●头：要以腰部为支点，身体微微前倾，让食物去找嘴巴，千万不要伸脖子用嘴巴去找碗中的食物，否则就这一个动作会毁掉你所有的形象，还会暴露你的家教和修养。

●肩：用餐时，我们的视线基本是停留在胸部以上的位置，最能凸显气质的当然是肩了。不管是用筷子，还是用刀叉，都要肩膀下沉。千万不要耸起肩膀，这样会显得你的脖子很短，影响吃相。

●手：在餐桌上，有一条无形但却实际存在的距离，叫空间距离。集体用餐时，要照顾到身边人的行动。夹菜和进餐时，尽量用小臂活动，因为小臂较灵活且优雅，大臂比较粗壮，需要更大的活动空间。在等待或停餐时，一定要记住不把肘关节放在桌子上，两小臂撑起举着餐具比画，或是合拢双手，甚至托着下巴作沉思状。

还有，当和他人碰杯的时候，眼神路线应该是这样的：先举杯看对方—在品酒时眼睛看杯子—最后再看一眼对方，表示感谢。切记，不可在品酒的过程中拿眼睛看对方。很多人忽略了这个细节，把对面的人吓一跳的同时也极大地影响了自己的女神形象，本人却浑然不知。

家教与贫富无关，与父母的教育价值观有关，如果你有孩子，不是要给孩子万贯家产和万亩良田，以及任何昂贵的物质，因为这些都是身外之物。

从每天三餐的餐桌礼仪到生活中站立行走的行为，培养孩子大方得体的举止和有品行的心灵，会让孩子将来在任何场合都自信满满。这种教养将是孩子一生的财富。

一个人最好的配饰不是物质，是气质。在孩子心目当中，母亲是榜样。一个母亲的优雅是一种积极的生命状态，会给孩子带来自信和希望！

不要小看这一日三餐的举止行为，雅和俗都是一种积累，重复了一千遍的行为就很难再改变。一个人有粗糙、粗鲁、粗俗的行为，时间久了，别人就会说这是一个粗人；而一个言谈举止彬彬有礼的人，时间久了，别人就会说这是一个优雅、有教养的人。这些在学校老师很少教，几乎都是在家庭中父母言传身教，而身教的重要性高于言传一百倍。

## 练一练：中西餐座次礼仪

●中餐座次礼仪。

“坐”“请坐”“请上座”，这是中国人待客的基本礼数，位次排列表面上排的是座次，实际上排的是尊卑。这些问题在日常生活和工作中无所不在。

中餐通常是圆桌，就座前，应首先辨别主桌。通常两桌横排时，面对正门右边的桌子是主桌；当两桌竖排时，距离正门最远的那张桌子为主桌；如果桌子数量在三张以上，遵循的是“以右为尊”“以门定位”“以远为上”的原则。

（1）左低右高：当两人一同并排就座时，通常以右为上座，左为下座，这是因为中餐上菜时多以顺时针方向为上菜方向，因此居右者比居左者优先受到照顾。

（2）中座为尊：三人一同就餐时，居中坐者在位次上要高于在其两侧就座之人。

（3）面门为上：倘若用餐时，有人面对正门而坐，有人背对正门而坐，依照礼仪惯例应以面对正门者为上座，以背对正门者为下座。

（4）观景为佳：在一些高档餐厅用餐时，在其室内外往往有优美的景致或高雅的演出，可供用餐者观赏，此时应以观赏角度最佳位为上座。

（5）临墙为好：在某些中低档餐厅用餐时，为了防止来来往往的服务员或其他客人的打扰，通常以靠墙之位为上座，靠过道之位为下座。

（6）以远为上：当桌子纵向排列时，以距离宴会厅正门的远近为准，距门越远的座位越尊贵。道理十分简单：离房门近者易受打扰，离房门较远者则受到的打扰较少。

入席时，不要快人一步，随意乱坐，要等主人或主宾入座后，才由椅子的左边入席。

●西餐座次礼仪。

西餐中的“西”，是指西方意识形态占主流的国家，通常包括欧洲国家、北美洲国家、澳大利亚、新西兰等。西餐一般以刀叉为餐具，多以长形桌台为主。

西餐的座次安排应遵守以下几个原则：

（1）女士为尊：餐桌主人为女士。

（2）主宾为尊：主宾分别在男女主人身旁。

（3）以右为尊：主人右手边的座次高于左手边的座次。

（4）以近为尊：距离主人近的座次高于远处座次。

（5）交叉落座：女士与男士应交叉落座。

优雅入座是从讲究座次开始的。

*注意：不可以当众整理服饰或者是涂口红。涂口红在很多西方国家是一种诱惑行为，所以不要在餐桌上涂口红。再漂亮的包包也不可以放在餐桌上，餐桌是公众区域，不可放置私人物品以及其他与饮食无关的物品，例如手机、钥匙等。

不管是中餐还是西餐，它们背后都有深厚的文化积淀，都有风土人情的浸润，并无高低之分，都值得尊重和学习。这里主要跟大家分享的是用餐仪态和中西餐的座次礼仪。其实，背后还有博大精深的礼仪系统，就不在这里一一赘述。当你掌握了优雅的用餐仪态和得体的用餐座次后，你已经离淑女不远了。

## 记一记：练习不可少　坚持很重要

今天的练习内容是优雅的用餐仪态。

当你在品味食物的时候，别人在品味你。吃饭时记住要保持干净和安静，记得保持头、肩、手的优雅。

从今天开始，每日三餐养成优雅的习惯，持续练习 21 天，相信不管再受到任何人的参宴邀请，你都会是那个餐桌上优雅从容的气质美女！

记得，嘴巴里有食物时，一定要咽下之后再说话哦！

每日打卡（18）

| 天数 | 第1天 | 第2天 | 第3天 | 第4天 | 第5天 | 第6天 | 第7天 | 第8天 | 第9天 | 第10天 | 第11天 | 第12天 | 第13天 | 第14天 | 第15天 | 第16天 | 第17天 | 第18天 | 第19天 | 第20天 | 第21天 |
|---|---|---|---|---|---|---|---|---|---|---|---|---|---|---|---|---|---|---|---|---|---|
| 练习次数 | | | | | | | | | | | | | | | | | | | | | |
| 练习收获 | | | | | | | | | | | | | | | | | | | | | |

## 寄语

西方著名的文学家和教育学家伊拉斯谟说过：“出身高贵的人，没有掌握和他们高贵血统相适应的举止是可耻的，而那些命运使他们变得粗犷的人，应更加努力地通过优良的举止来弥补命运不公带来的一切不平等，无人能选择他的祖国或母亲，但人人都能通过学习获得美德和良好的举止，并以此来改变自己家族和国家的命运。”

如果你正处于社会上层，时不时露出一些粗鲁的举止，那么无论你是谁，都难以得到人们的尊重。相反，如果你目前虽然暂时身处社会底层，但言行举止却很优雅，那么你的上升空间就会非常的广阔。

# 第19天　彬彬有礼——在细节之中彰显修养

## 卫莲说：细节之处见修养

英国政治家查斯特菲尔德勋爵在其名著《教子书》中指出："世界最低微、最贫穷的人都期待从一个绅士淑女身上看到良好的教养，他们有此权利，因为他们在本性上是和你相等的，并不因为教育和财富的缘故比你低劣。同他们说话时，要非常谦逊、温和，否则，他们会以为你骄傲，而憎恨你。"

真正有修养的人不是去尊重那些大人物，而是尊重一个目前对于他来说没有任何利益价值的人。

就像我们常说的，一个人在餐厅里用餐时对服务员的态度，就能体现出她（他）的修养。

## 学一学：优雅女人的常用礼节

●点头：点头的动作是用来表示肯定或者赞成的态度。在交谈中，大部分人都没有意识到点头这个动作的威力。研究显示，如果聆听者每隔一段时间就向说话的人做出点头的动作——每次做这个动作时点头次数以三次为宜——就会激发说话人的表达欲望，能够让他比平时健谈三至四倍。

●欠身：这是一个优雅女人表达谦逊、友善的常用姿态，可在各种场合使用。当你在宴会上被夸赞有气质时，当给客人让路时，当你作为女主人递上你准备的点心和水果时……

欠身礼 + 点头礼，能给人非常大的鼓励，是谦逊之礼。

●鞠躬：这是人们在生活中对地位崇高者、长辈等表示尊重、感谢的一种表达方式，或者对来宾的一种表达礼貌、友谊、谦虚、感谢等的方式。

很多人在鞠躬时，经常弯腰弓背，低头缩脖子，从侧面看还能看到双下巴，这样的形体很不优美，而且非常影响气质。如果鞠躬时眼睛看着对方，既不谦卑也不优雅哦。

具体做法是以腰为支点，慢慢向前俯身15~30°，眼睛随着身体的前倾而下移。切记不要一边鞠躬一边说话，而应该说完话后鞠躬。具体的前倾幅度以你对对方的尊重程度而定。

鞠躬时，应脚跟并拢，右手压住左手，两虎口相交，自然放于体前，腰背挺直，肩打开，不同于男士双手自然下垂就可以了。不过对应对象和场合不同，女士的手位也有下垂的。

15°以内是欠身礼。一般性致意是鞠躬15°。正式鞠躬30°，表示问好与感谢；双手虎口相交，置于腹前即可。致歉时鞠躬45 ~ 60°，表示歉意；双手握住，自然垂于体前。鞠躬90°，是大礼，用作感恩、追思、忏悔。90°鞠躬一般连续做三次，在生活中不常用。

中国被称为“礼仪之邦”。在生活和商务交往中，人们会通过一个人运用礼仪的状况来判断他的修养与见识。当然，很多人出现“无礼”的行为是“无知”所造成的，所以如果懂得一些基本的礼仪知识，你就会成为一个受欢迎的人。

记住，要把我们的优雅雕刻在挺直的背上。鞠躬的时候注意要用右手握住左手，右手除了大拇指外的四个手指在外，双手置于腹前，掌心向着身体，腰背挺直，上身微微前倾，头微低，起来的时候动作不能快，这样看起来就会优雅、优美多了！

一边看着对方的脸一边鞠躬是不对的。答谢鞠躬时，视线也应随身体下倾，只需保持浅浅的微笑就好。注意鞠躬的时候不要抬眼看人，也不要说话。

## 练一练：优雅地上下楼梯

1. 上下楼梯的礼仪

因为楼梯一般比较窄，多人并排走会影响他人，所以一般来说，上下楼梯时应在右侧单人行进，以前方为上。一方面是确认同行者中尊者、长者的安全，另一方面也表示自己的谦卑，不要站得比尊者、长者还高。但也有例外，在他们不认识路的情况下，自己作为陪同引导人员要在前面带路。

有一次，查尔斯王子去加拿大的一个省拜访，这个省的省长是一位女士。当时，这位女省长要到二楼去做简报，女省长先走，查尔斯王子跟在她的后面。突然，这位女省长的高跟鞋掉了，在她身后的查尔斯王子马上弯腰去捡那只高跟鞋，他一弯腰，很多新闻记者就用照相机“咔咔咔”地照了起来。第二天，这件事就在报纸上登出来了，记者们纷纷撰文，称赞查尔斯王子是优雅的英国绅士。所以，男人就要像个绅士一样，不管你是贵族还是平民，女孩子的高跟鞋掉了，都应该马上弯腰帮她捡起来。

2. 上下楼梯的仪态

安全、纤细、轻盈是优雅地上下楼梯的基本仪态。

（1）安全。为了确保安全，女士在上下楼梯时最好轻扶扶梯，特别是穿着高跟鞋、长裤或长裙下楼梯的时候。一定要轻提裙摆，确保不会因高跟鞋踩到裙角、裤脚而绊倒。否则除了仪态尽失之外，还可能受伤。

（2）纤细。腰背挺直，不要脖子前伸，这是优雅的第一步；不管手是扶着扶梯，还是提着裙摆，还是挎着包包，肘关节都要有意识地向后收，不要离身体太远，这样才会显得背影纤细。

（3）轻盈。上楼梯时，最好半脚尖踩着楼梯，轻盈向上，而不要整个人重重地踩着每一步，这样会显得笨重和老态；下楼梯时，不要整个脑袋低下去看下面的楼梯，只需要微收下颌，视线往下看就可以了。

## 记一记：练习不可少　坚持很重要

今天的练习内容是点头礼。

真正的胜利，不是打败别人，而是赢得别人的心。点头和微笑是生活和工作中常用的礼节，点头表示你在耐心倾听，而“听”是对别人的尊重。时刻与人为善，从今天开始练习，持续练习 21 天，并在之后一直坚持，相信你在无形之中会获得值得珍惜的良师益友。祝福你！

**每日打卡（19）**

| 天数 | 第1天 | 第2天 | 第3天 | 第4天 | 第5天 | 第6天 | 第7天 | 第8天 | 第9天 | 第10天 | 第11天 | 第12天 | 第13天 | 第14天 | 第15天 | 第16天 | 第17天 | 第18天 | 第19天 | 第20天 | 第21天 |
|---|---|---|---|---|---|---|---|---|---|---|---|---|---|---|---|---|---|---|---|---|---|
| 练习次数 | | | | | | | | | | | | | | | | | | | | | |
| 练习收获 | | | | | | | | | | | | | | | | | | | | | |

## 寄语

作家林清玄在《生命的化妆》一文中说，女人化妆有三个层次，三流的化妆是涂脂抹粉，表面上的功夫。二流的化妆是改变体质，一个人改变生活方式，保证睡眠充足，注意运动，营养均衡，她的皮肤会得以改善，精神充足。一流的化妆，是改变气质，多读书，多欣赏艺术，多思考，对生活乐观，对生命有信心，心地善良，关怀别人，自爱而有尊严。

# 第20天 风姿绰约——在上下车时尽显优雅

## 卫莲说：影视剧里的那些上下车场景

我们在电影里经常能看到这样的镜头：车门打开，一双脚蹬高跟鞋的玉腿出现在镜头中，镜头上移，玉腿的主人是一位风华绝代的女子。女子通常优雅地关上车门，接着仪态万方、摇曳生姿地向某一方向走去。

许多导演都钟情这样的场景，认为这是表现女性风姿的绝佳时机。我总认为这样一个场景会对女演员构成极大的刺激和挑战。

所谓刺激，是因为女人，尤其是漂亮女人大都有在人前闪亮登场的情结，这个场景足以满足她们内在的表现欲望；同时构成挑战的，是关上车门后那仪态万方的几步，对女人的身体控制、步态意识、内在气质都是极大的考验。

## 查一查：你是否有过这样的上下车姿势

上车钻进去，下车爬出来，这样的上下车姿势不仅难看而且容易走光，实在尴尬。

如果你拥有豪车，却是钻进去、爬出来，既不高贵又易失态，岂不太遗憾了？

饰演《泰坦尼克号》女主角露丝的演员凯特·温丝莱特，在拍《泰坦尼克号》那个下车的镜头之前专门找了礼仪老师上课，而且拍了几十遍才过，这才有了电影里下车时如此惊艳的她。

优雅的人生不是用金钱瞬间堆积出来的，而是通过不断学习、实践、积累而成的。从现在开始，认真学习优雅地上下车吧。

## 学一学：恰当的乘车座次

**乘坐小轿车：**在轿车里，一般是右座尊于左座，后座尊于前座。以最常用的双排五人座小轿车为例：车上座次的尊卑自高而低依次应为：后排右座，后排左座，后排中座，前排副驾驶座。也有特殊情况，重要人物和明星也喜欢坐在司机后面的位置，因为隐蔽性较好。

在公务活动中，尤其是在公务接待中，轿车上的前排副驾驶座通常被称为“随员座”。按惯例，此座应由陪同人员、秘书或助手就座，而不宜请客人在此就座。

当专职司机开车，哪个座次是主位呢？标准答案是：副驾驶座后面，或说者司机的对角线位置。如果说是后排右座是不对的，因为在中国港澳地区及很多其他国家，司机的位置是在右边的。

当主人亲自驾车时，客人坐在副驾驶座上与主人“平起平坐”，这才是合乎礼仪的。后排中座左右挨人，坐在那里是很不舒服的，因此不要让客人坐在后排中间。

具体坐哪个位置，第一是看你的身份，第二是看你和司机的关系。

**乘坐吉普车或大中型轿车：**这时，由谁开车就不重要了。在吉普车上，副驾驶座总是上座，然后是后排右座，后排左座；大中型轿车，通常合“礼”的座位排列应当是由前而后，由右而左。

吉普车底盘高，坐前面视野好，坐后面舒适感差很多。

这种乘车的座次尊卑，一定要清楚，但也要灵活运用，例如，当你与上司乘坐同一辆由专职司机驾驶的双排座轿车外出办公事时，虽然后排坐得下你，但你还是应该自觉地去前排副驾驶位上就座，而不要在后排与上司一道“平起平坐”。当然，如果大家私底下一同外出观光游览，这时你坐在后排左座，请上司坐在后排右座，是完全可以的。

**乘坐出租车：**乘坐出租车的时候，司机旁边那个位置是级别最低的。级别最高的位置是后排的右边，其次是后排的左边，再次是后排的中间。出租车左边的门通常是不开的，因为开左边的门很危险。

有一次，我们几个人乘坐出租车，为了表示礼貌，有个人把右车门一拉开，就对旁边的领导说：“请坐，王总。”这位王总只能弯着身子爬进去，坐在最里面。这种情况下正确的做法是，自己先坐进去，然后说：“请坐，王总。”这才叫礼貌——把不便留给自己，把方便留给别人。为什么后面三个位置，中间一个位置是级别最低的呢？因为中间是汽车主轴经过的地方，是最不舒服的座位，所以给男士们一个建议，如果是跟女孩子一起坐车，不管你是什么级别，是经理、总经理还是董事长，都不要让女孩子坐中间，男士们要表现得绅士一些——女士优先。

**乘坐高铁：**乘坐高铁的时候，座位的重要程度依次为面对行进方向靠窗的位置、背对行进方向靠窗的位置、面对行进方向靠过道的位置、背对行进方向靠过道的位置。

礼貌就像气垫，里面可能什么也没有，却能奇妙地减少颠簸。

## 练一练：优雅的上下车仪态

穿短裙的女士，上小轿车时，应首先背对车座，坐下之后，再慢慢地将并拢的双腿一齐收入，然后再转向正前方。

此时，如果有人目送，一定要摇下车窗，欠身并挥手致意表示感谢。

下车前，完成从中间往边上的移位；当车门打开，一只手扶着前面的椅背，另一只手扶着后面的座椅，同时腰部发力，把外侧的腿迈出车外。此时膝盖不可以正对外面，而应该是侧面方向，脚掌内侧点地，里面的腿随之移出车外，形成交叉腿型，然后由男士陪同优雅从容地走向会场。

## 记一记：练习不可少　坚持很重要

今天的练习内容是优雅的上下车仪态。

让优雅仪态融入自己生活中的点点滴滴吧，刻画出一幅幅难以忘怀的美丽画面。从今天开始练习上下车仪态，持续练习 21 天，并在之后的每一天都坚持，相信有一天你会变成人人艳羡的优雅女神！

每日打卡（20）

| 天数 | 第1天 | 第2天 | 第3天 | 第4天 | 第5天 | 第6天 | 第7天 | 第8天 | 第9天 | 第10天 | 第11天 | 第12天 | 第13天 | 第14天 | 第15天 | 第16天 | 第17天 | 第18天 | 第19天 | 第20天 | 第21天 |
|---|---|---|---|---|---|---|---|---|---|---|---|---|---|---|---|---|---|---|---|---|---|
| 练习次数 | | | | | | | | | | | | | | | | | | | | | |
| 练习收获 | | | | | | | | | | | | | | | | | | | | | |

## 寄语

优雅的女人就如同这世间最珍贵的香氛，能随着环境的变化，幽幽释放出沁人心脾的清香。她们是男人仰慕的对象、女人艳羡的目标。而你，是否也具有这种让人动心的气质？

相信经过前面这么多章的学习，你的神态、体态、仪态都得到了很大的改善，一定要坚持下去，让自己在时光中绽放优雅、纯真的女性之美！

# 第21天　仪态万方——做晚宴上的气质女神

Day 21

## 卫莲说：每个女人都是气质女神

那些红毯上的明星总是美得遥不可及，你追随、模仿、幻想，努力接近美好，却还是不得要领。其实每个人都有属于自己无与伦比的优雅美丽，只要拿出改变的决心并付诸行动，人人都可以重生，为时永远不晚。明星也不是生来就优雅的，她们也是经过了大量的仪态训练，才能在众人瞩目中仪态万方。从此刻开始学习，学做最好的自己，你会发现你远比自己想象的更加值得仰望！

## 查一查：你在晚宴上是否有这些尴尬时刻

这些尴尬可要避免：裙子太长摔倒了、腋毛没有剃掉、乳贴跑出来了……

## 学一学：如何快速、高效地选择晚礼服

（1）遵循“T-P-O-R”原则。所谓“T-P-O-R”原则，是指着装要考虑时间（Time）、地点（Place）、场合（Occasion）和角色（Role）。晚上6点以后参加宴会时应着正式的晚礼服。主办方花大价格、大力气只为营造一种高雅的氛围，而参加宴会的你，如果只顾自己的方便而着装过于简朴和随便，就会破坏这样精心营造的高雅氛围，你也会显得与周围的环境格格不入，同时影响自己的心情。你应该是美丽、优

雅、高贵的。最好选择净色的长款礼服，因为在国际惯例中，女士的礼服越长，越净色，就越正式，代表级别越高。

（2）选择永不落伍的黑色。如果选择一件晚礼服，你会选择什么样的？建议选择黑色，这是最保险的颜色。黑色、开领、无袖，简单含蓄的款式，永远不会落伍。再用精巧装饰来点睛，例如精致的流苏刺绣披肩加高跟皮鞋，可以表现旧式淑女风范；粉红色小山羊皮玫瑰手袋加珊瑚项链，尽显时尚、浪漫。

（3）使用高调亮片。要与富丽堂皇的舞台、华丽典雅的演出相配，最适合的配饰莫过于闪耀夺目的亮片。复杂华丽的剪裁，珠宝色的钉珠，华丽的下摆，都是一件完美晚礼服的必要细节。如果想稍微低调内敛，也必须是内钉珠、外雪纺，在若隐若现的雪纺之中，隐藏着耀眼的亮片，冷不防就露出的亮片给人以惊喜。

（4）万能皱褶。夸张的闪光面料和前卫的皱褶设计，已经塑造了时尚的轮廓感。而精彩的局部皱褶装饰效果，即便一件首饰都没戴，也仍然能显示出高雅气质。对于非明星的大多数人而言，皱褶是万能的装饰。无论偏瘦还是偏胖，皱褶都可以起到很好的修饰效果。若是上围不够丰满，可以用密集的小皱褶营造华丽的视觉效果；若是腰腹部稍显丰满，则可用斜条皱褶修饰腰形，增强修长感。

（5）配饰决定时尚。不同身材的女士穿着礼服有不同韵味，我们只需记住基本原则：视觉重点在上身。用褶皱、钉珠或其他元素在细节上多花点心思，一条华丽的披肩、一条闪亮的项链、一对夺目的耳环、一只纤巧的手镯等，都是引入前卫元素的载体，它们最能体现时尚品位。但在佩戴时，切记不能全套皆上，务必精中求精。手袋的款式一定要齐全，以配合不同的活动场合。

## 练一练：优雅高贵的晚宴仪态

（1）如何拿晚装包？

一般参加晚宴或派对时搭配的晚装包，多具华丽感，而且多为手拿包。这种包如果放在腹部的位置，可以用来遮挡肥胖的部位。这时要特别注意手型，手可以从包的底部拿住，大拇指托在包的正面，其余四指置于包的后侧。

拿包的手也可以自然下垂于体侧，如果手臂过于放松，上身会显宽，如果双肩向后舒展，让手臂自然下垂，同时大臂不要紧贴身体，让手臂稍稍离开身体，这样会显得身材和手臂的线条都更纤细。手也可以从包的上部将其抓住，食指置于包的上部顶端，拇指在包的后侧，其余三指置于包的前侧，此时注意三指要稍稍弯曲，微微并拢，从视觉上保持手部的纤细修长感。

（2）如何优雅高贵地走红毯？

漂亮的晚礼服一般上身多为露肩颈或露背款式，除了展示酥胸、细腰外，如果一转身露出光滑、细腻、性感的背部，也会成为众人的焦点，“背多分”成了制胜的秘密武器。所以在穿着晚礼服时更要注意保持体态的高贵优雅、端庄大气，尤其是肩颈部位，颈部要向上拉长立起，双肩打开下沉，胸部自然挺起，腰背立直，将优雅和性感都雕刻在你挺拔的后背上。

一般晚礼服都是长款，在上下台阶时，可以用手从身体的侧面轻轻提起裙摆，注意轻提裙摆的手尽量以侧面面向观众或镜头，手指微提，这样会显得手型更加纤细修长。

有男伴时的步态：当有一名儒雅、风度翩翩的绅士陪同入场时，女士应先优雅从容地伸出纤细修长的手臂，轻轻挽住男伴的手臂，另一侧手可以轻提侧面裙摆，注意尽量展示手的侧面，同时保持手型的纤细修长。在行走过程中，应保持步履从容，可提示男士调整步伐速度，两人保持相同的步调，同时适当与男伴有视线的交流。

（3）如何优雅地挥手?

在生活当中，有很多场合需要挥手致意。英国女王走到民众中间也是挥手致意。我们去机场接朋友时，如果看到朋友老远走过来，在公众场合大声喊对方是失礼的，但挥手就会好很多。还有当你作为重要嘉宾被主持人介绍时、上台领奖时、道别时、见面时……这些情况都可以挥手致意。

通常，小臂是比较优雅的，而大臂会让女性显得粗糙一些。小臂是女性最常展示的部位，平时与别人挥手、握手、递名片或物品、指路引导都是小臂在动。

记得我们有个学员学习优雅仪态后，在一次公司的年末表彰大会上，当她仪态万方地走向舞台中央，举起手臂向大家致意时，台下响起了热烈的掌声。很多人都说她当时挥手的姿势就像在选美比赛中获奖一样，给人的感觉实在是太美了！

我们看到英国女王在挥手的时候，她的肘关节从来不会高于肩膀，既表达了她的亲切，又保持了女王的高贵和挺拔的姿态。

难道仅仅因为她是女王，行为举止就特别的优雅吗？其实，因为经常出席公共场合，英国女王也经常在卧室内苦练仪态。她会在镜子面前反复观察、调整自己走路时的步态和仪态，以及上台姿势、挥手姿势和坐姿等。所以，当她出现在民众面前的时候，总是那么仪态万方、雍容华贵！这也证明了，优雅，需要不断练习！

戴安娜王妃大婚与凯特王妃大婚，虽然中间相差 30 年，但是她们挥手的仪态一模一样，相信这是英国王室培训的结果。

*注意：

（1）不要把手挥得太高，到肩部的高度就可以了。手挥太高会显得脖子短，而且会露出腋下。如果上衣是短装可能还会露出肚脐；如果衣服有垫肩，垫肩的位置会往上耸，导致服装变形，使颈到肩部的线条显得很短，也影响整体美感。

（2）五指不要散开。散开会显得手掌很宽，大拇指要收进去。

（3）不是使用大臂挥动，也不是手掌挥动，而是利用小臂带动手部挥动。在手臂的肢体语言中，使用大臂会让女性显得粗糙，使用小臂会显得比较优雅。

（4）不要挥得太快或者太慢。中速显优雅。

（5）注意手臂和身体的角度。

备注：这种优雅的挥手在社交场合使用，尤其是晚宴场合使用更佳；在政务和商务场合五指并拢，拇指微微向内靠，端庄大方即可。

（4）如何在签名板上签名?

一些大型的晚宴或开业、颁奖典礼，主办方都会在步入会场前设置精美的大签名板，请参加者留下自己的签名。当你迈着轻盈从容的步伐走到签名板前签名时，可以身体微侧，这样会显得身材更加修长纤细，尽量不要整个后背和臀部面向镜头或观众，签完名后可以顺势后退一小步，同时左肩打开向左后方微转身，回眸，当然要面带微笑了，在观众欣赏的目光中或镜头前留下你的倩影。

（5）如何转身回眸?

转身回眸时，尽量保持腰背挺直，尤其注意转身时肩膀向后打开，肩胛骨微微向后收拢，同时双肩尽量下沉，颈部直立向上，随着身体的转动向后拧转，尽显颈肩线条的流畅、纤细和优美。

（6）如何优雅地拿酒杯?

这是许多人的疑问，但其实并不难。盛白葡萄酒及香槟的酒杯为高脚杯，喝时拿住杯柱偏上的部分，手不要碰到杯身，因为白葡萄酒及香槟喝之前通常是要保持低温，而手的温度会让它温热起来。

盛红酒的酒杯杯脚较短，杯身较肥大，可以用食指和中指夹住杯脚，喝时拿近杯身，手的温度有助于红酒释放其香味。

（7）如何优雅地喝酒?

在西餐宴会上，人们只是祝酒而不劝酒，只敬酒而不真正碰杯。

喝酒时绝不能吸着喝，而是要倾斜酒杯，像是将酒放在舌头上似的。轻轻摇动酒杯让酒与空气接触以增加酒的醇香，但不要猛烈地摇晃酒杯。在喝酒时，中国人习惯举杯仰头痛饮，一口喝光。而在西方恰恰要避免这样。最好的方式是保持头部平直，一口一口啜饮。

手上没拿包时，一手端着酒杯，一手置于腰的上方，让重心上移，人会显高，而且很优美。

此外，边喝酒边透过酒杯看人、拿着酒杯边说话边喝酒、吃东西时喝酒、用纸巾擦酒杯、把口红印在酒杯杯沿上等，都是失礼的行为。

## 记一记：练习不可少　坚持很重要

今天的练习内容是优雅地挥手。

见面时会挥手、道别时会挥手、走红毯时会挥手、惊艳亮相晚宴现场时也会挥手……不管是在生活中，还是在晚宴上，优雅地挥手都会增添你的魅力。从今天开始练习，持续 21 天，在生活中养成优雅挥手的习惯，相信你未来在出席任何场合时，都能做到优雅得体，自信从容。

记得，使用小臂比使用大臂更优雅哦！

每日打卡（21）

| 天数 | 第1天 | 第2天 | 第3天 | 第4天 | 第5天 | 第6天 | 第7天 | 第8天 | 第9天 | 第10天 | 第11天 | 第12天 | 第13天 | 第14天 | 第15天 | 第16天 | 第17天 | 第18天 | 第19天 | 第20天 | 第21天 |
|---|---|---|---|---|---|---|---|---|---|---|---|---|---|---|---|---|---|---|---|---|---|
| 练习次数 | | | | | | | | | | | | | | | | | | | | | |
| 练习收获 | | | | | | | | | | | | | | | | | | | | | |

## 寄语

生命只有一次，如果把它比喻成一根木头，你是要燃尽一生，到最后把自己化成灰烬，还是要以时光为斧把自己雕刻成艺术品？如果把生命比喻成一条曲线，你是要从 30 岁开始就安心地做别人眼中的“豆腐渣”，还是要拥有一个不断增值的人生？

一个女人的魅力取决于生命的层次，世界上没有任何一样东西是静止不变的，爱情和婚姻也是如此，都是动态的，越有魅力的女人就越不怕爱情和婚姻的变化。

# “绽放卓越的生命状态”自测题

1. 你认为别人是如何评价你的素养的?

A. 彬彬有礼，优雅大方　　B. 看人，看场合　　C . 没什么教养

2. 你对待生活的态度?

A. 充满激情　　B. 平淡冷静　　C. 愤世嫉俗

3. 你是否重视给别人的第一印象?

A. 重视　　B. 看场合　　C. 无所谓

4. 你是公众人物吗?

A. 是　　B. 小有名气　　C. 不是

5. 排队等候时你会遵守秩序吗?

A. 一定会　　B. 偶尔会　　C. 很少会

6. 你有比约定的时间早到 5 分钟的习惯吗?

A. 有　　B. 有时　　C. 没有

7. 你弄湿了公共洗手台会?

A. 用纸巾擦干　　B. 下次多加小心　　C. 扬长而去

8. 你的同事在例会上受到上司的表扬，你会?

A. 真诚地向她表示祝贺

B. 默默地赞许

C. 觉得她没什么了不起

9. 你与客人或友人一同乘坐高铁，你会请她?

A. 坐在靠窗边的位置　　B. 坐在靠坐道的位置　　C. 坐在中间

10. 请人帮忙后，你会道谢吗?

A. 一定会　　B. 有时会　　C. 很少会

11. 你是否经常说“请”“谢谢”“对不起”?

A. 经常　　B. 偶尔　　C. 不会

12. 你是否经常边吃东西边说话?

A. 不会　　B. 偶尔　　C. 经常

13. 你是否注意过你的吃相?

A. 经常注意　　B. 看场合　　C. 很少注意

14. 你觉得自己照相上镜吗?

A. 很上镜　　B. 偶尔上镜　　C. 不上镜

15. 你认为自己在晚宴场合的状态是?

A. 优雅高贵，气质女神

B. 表现一般，气质平平

C. 几乎被人忽略

如果你的答案有 12 个或 12 个以上是 A，恭喜你，说明你有卓越的生命状态，并且优雅仪态在生活中也运用得很好，相信你是很多人眼中的气质女神哦!

如果你的答案有7个以上是B或者C，说明你还需要努力哦!

如果你的答案大部分是B和C，不要告诉别人，自己知道就好，你要狠狠地补课了!

# 积极阳光的心态

心态，是态的内在力量。

塑形先塑心，制约美的是心。

从心理学角度来讲，身心属于同一个系统。肢体语言可以创造情绪，同时也可以影响情绪，信念也可以影响情绪和肢体语言。“蒲公英时光”优雅仪态课程是高能量姿态的训练和触动内在心灵的设计，从形到心完整融合，从内而外的全面滋养，让很多女性从自卑变自信，从僵硬变柔软，从犀利变柔和，从自我封闭到心胸豁达等，让女性回归女人本来的样子。

CHAPTER 5

## 卫莲说：找到优雅美丽的根基

女人要有优雅美丽的根基，才能真正地优雅美丽一辈子。就像只有花的根部得到了滋养，花朵才能开放并散发芳香一样。这个根基是爱、感恩、不嫉妒、同理心和“我值得拥有”这五个信念。

## 查一查：关系和谐的前提是自我觉察

找一个独处的时间和空间，好好问自己以下问题，你也可以站在镜子面前，好好看看自己。

你有多久没有好好地看自己了？你有多久没有像这样关注自己了？你有多久没有花时间和精力在自己的身上了？你有多久没有好好爱你自己了？今天好好看看自己，看看自己的脸庞，看看自己的眼神，看看自己眉宇之间的表情，现在的你是你喜欢的样子吗？是你当年想象的样子吗？

这些年你遇见了谁？发生了什么？你对现在的自己满意吗？

如果5年后的今天，你重新站在镜子面前看着自己，你会对自己满意吗？如果满意，你做对了什么？如果不满意，你很遗憾没做什么或者错过了什么？

如果 5 年后的今天，你重新站在镜子面前看着自己候，你是会称赞她真的很棒？还是抱怨她又拖沓颓废地过了 5 年？

你准备如何活好身为女人的这一生？你准备如何度过以后的岁月？

我相信，在你内心深处一定有最真实的声音指引你……

## 学一学：优雅女人的五大黄金心态

### 一、爱可以疗愈一切

有一位女士讲述了她真实的经历，她说：“我曾经有过一次短暂的、刻骨铭心的婚姻，我深爱的那个男人在情感上和身体上都与我保持距离。他说我无趣又苍白，他一定要跟我离婚，因为他爱上了一个有趣又丰富的女人。我受尽打击，感到无比痛苦。我想死了算了，在我尝试自杀之前，我认真回顾了自己短短的一生，发现自己的人生确实没多少意思，真的是无趣又苍白。我伤心欲绝，号啕大哭，当我哭到撕心裂肺的时候，我内心深处忽然涌出这样一句话——他对你的冷漠，只不过反映了你没能热爱自己和自己的生活。”

是啊，一个不爱自己的女人是不懂爱别人的。连自爱都做不到，如何去爱别人呢？更如何得到宠爱呢？如果自己是干涸的，是不可能滋养到先生和孩子的，因为我们不可能给出自己没有的东西。

谁说工作兢兢业业就一定要面容憔悴？谁说学富五车就一定要邋里邋遢？如果可以选择，我们为什么不选择做一个内外兼修、秀外慧中的女性呢？

我们要在爱的源头，而不是中下游。活在爱的源头，就能源源不断地提供爱。活在爱的中下游，就总是对外界充满期待，希望别人能爱你，如果别人爱你，你就感觉幸福，如果别人不爱你，你就感觉痛苦。有期待，就会有伤害。那怎么行呢？就像雪中送炭，万一别人送的炭少了呢？或者忘记送了呢？难道我们要被冻死吗？肯定不是。美国著名的心理治疗师萨提亚这首《爱的法则》，也许能让你重新认识爱与被爱：

## 爱的法则（节选）

请你爱我之前先爱你自己
爱我的同时也爱着你自己
你若不爱你自己
你便无法来爱我
这是爱的法则
因为
你不可能给出
你没有的东西
你的爱
只能经由你而流向我
若你是干涸的
我便不能被你滋养
宣称自我牺牲是伟大的
那是一个古老的谎言
你贬低自己
并不能使我高贵
我只能从你那里学到“我不值得”
而你，亦当如此
生命的本质是生生不息的流动
生命如此
爱如此
请借此机会好好爱自己

## 二、感恩是富足的基础

厚土才能种大树，厚恩才能成大业。

看见自己所拥有的一切，才能对上天赐予的大小恩典都充满感激。

生命中需要感恩的人有很多很多，父母、师长、兄弟姐妹、亲朋好友、合作伙伴，甚至有过爱恨情仇的人……

感恩的人有很多，最应该感恩的当然是父母，我也不例外。

自从妈妈在十多年前去世后，为了让爸爸走出来，我就跟他有个约定，每年都会在他生日之际陪他去他最想去的地方，这的确慢慢地让他开心了起来。即使这让爸爸很欣慰，我仍然感觉惭愧，因为没有长期在他身边，尽孝的时间其实很少。于是这个约定成了爸爸每年的盼望，也成了我们父女深度相处的美好时光。看着他的房间里的照片墙上满满的照片，我想那些会成为最难忘、温暖的亲情记忆。如果说这世上有两种孩子，一种是讨债的，一种是报恩的，我希望自己是报恩的那一种。

即使家境普通，没什么大富大贵的生活，但我从小到大从未觉得自己贫穷，我依然觉得自己血液里流淌着高贵的品格和有教养的基因，我对未来充满希望。我想这跟我从小在完整、健康的家庭环境中长大密不可分，跟最朴实无华的父母作为榜样的示范密切相关。

这是在 2016 年 11 月，我陪爸爸在西安游玩的一天晚上，爸爸睡着了，我有感而发写的一封信，还记得我当时是流着眼泪写的，跟大家分享一下我当时的心情。

## 给爸爸的一封信

爸，今天又游玩了一天，走了很多路，您一定累了。很开心看到您睡得很香，此刻心里有很多话想对您说……

爸，谢谢您和妈妈给了我善良完美的天性，给了我健康开朗的性格，给了我勤奋付出和脚踏实地的基因，给了我如此完整的家庭，让我在爱和欢笑中长大……

爸，我知道，您和妈妈从来没有学习过如何成为合格的父母，却尽了最大的努力来爱我。你们给了我生命，就这一点，就足以让我一辈子都感激不尽！

爸，不管我未来取得怎样的成就，不管我在别人眼里多么优雅高贵和闪着多耀眼的光芒，在您面前，我永远都是您长不大的小女儿，像小时候一样，站在一大堆馋人的糖葫芦面前走不动……

爸，我会对自己的未来有要求，但对您没有任何要求。说话吃饭，穿衣睡觉，您怎样舒服、怎样开心就怎样来，在您将近 70 岁的年龄，我不会逼您重新改变所有的习惯，重新学习做人。

爸，我的生命来自您和妈妈，您们给我生命、供我读书、教我做人，给的已经够多了，其他的一切都交给我吧，我可以经营好我的人生！

爸，在您每年生日之际，我都要带您去不同的城市旅游，地点您来挑，其他的交给我。不管我在地球的任何一个角落，我都会回到您的身边，兑现我的诺言！不会再重复在妈妈身上的遗憾。

我们已经拉钩说好了，不许有变哦！所以您一定要继续保持身体健康，再过 4 年到了 70 岁，很多的景区都会对您免票，到那时，我们就好好“占”一下国家的便宜。

永远爱你的小女儿

2016 年 11 月 10 日于西安

人生是一场漫长的修炼，伴侣是最重要的同伴和导师，和一个视野开阔、胸怀宽广的人在一起才能让这旅途充满欢乐与回味无穷。这是我在 2017 年 8 月写给我的灵魂伴侣的文字，也与大家分享：

## 谢谢你　我的爱人

谢谢你　在我生命病危的时候
日日夜夜守护着我

谢谢你　在我表现出色的时候
毫不吝啬赞赏着我

谢谢你　在我失落孤独的时候
全心全意陪伴着我

谢谢你　在我开心快乐的时候
和我一样快乐着

多少人爱慕我青春的容颜
而你，更爱我内在虔诚的灵魂

谢谢你，
不管我是健康活力还是虚弱生病
不管我是光鲜靓丽还是衣着普通
不管我是妆容精致还是素面朝天
不管我是皮肤光滑还是有皱纹斑点
你都是一样充满爱的眼神，都是一样紧紧握着我的手，都是一样温柔地将我拥入怀中……

谢谢你　在爱我的同时也爱着我的家人

谢谢你　愿意陪我去看更宽广的世界

谢谢你　愿意全心全意支持我的梦想

谢谢你　愿意陪我去体验和挑战一切别人认为不可能完成的事情，最大限度满足我的好奇心

谢谢你　允许我在你面前如此真实与放松

谢谢你　允许我在人群中尽情闪耀与绽放

谢谢你　允许我完全自由地做我自己

谢谢你　带给我的一切美好……

从此，我的欢笑，我的眼泪，我所有青春的日子都只为你挥霍

从此，谨记结婚誓言和大海的承诺

从此，我将与你风雨同舟，相濡以沫……

2017 年 8 月 23 日

卫莲写于广州

感恩可以孕育智慧，创造奇迹。

感恩父母祖先，会让我们得到家族的力量；

感恩伴侣爱人，会让我们被幸福围绕；

感恩兄弟姐妹，会让我们体验到浓浓亲情；

感恩贵人师长，会让我们拥有更多好运；

感恩伟大祖国，会让我们传承到民族的骄傲；

感恩遇到的每一个人，丰富了我们的生命，精彩了我们的人生！

对于爱我的人，我会倍加珍惜；

对于我爱的人，我将一如既往；

对曾经我无意中伤害的人，说声：对不起，请原谅！

对曾经伤害我的人，说声：没关系，谢谢你教会了我成长！

养成时常说谢谢的习惯吧！

当你时常说谢谢，宇宙对你的眷顾就会更多；

当你时常说谢谢，别人对你的帮助就会更多。

让我们一起深怀感恩，

珍惜每一个遇见的生命！

## 三、穿越嫉妒，大美如你

你是否被人嫉妒过？你是否嫉妒过别人？你是否见过喜欢嫉妒别人的女人？她们是什么样的表情？她们的眼神和嘴角是怎样的？一般会嫉妒别人的什么？比你漂亮，比你有气质，比你幸福，比你有钱，比你有才华……总之是嫉妒别人有，而你没有的东西。

嫉妒是所有女性特质当中最容易毁坏女人容颜的一种，它就像毒素和垃圾，如果一个女人心底有了这些，就算你用再昂贵的化妆品和护肤品，也没有任何用。轻度的嫉妒是：“切！才不稀罕呢，有什么了不起？我才不要呢。”重度的嫉妒就会产生恨。嫉妒会带来很多负面影响，让一个女人变得挑剔、尖酸刻薄、争强好胜……时间久了就会形成刻薄相。

嫉妒，其实是一种变相赞美和变相自卑。

不嫉妒是女人所有品格当中最宝贵的德行。玫瑰不会嫉妒百合，百合不会嫉妒牡丹，不会因为别的花开得比我鲜艳，比我芳香，我就气得不开了，气得不香了。大自然没有美丑之分，只有和谐，美是没有标准的，每一种都是美的。

不要再说“切”，而要经常说“啊”，“啊，你真的好漂亮啊！”“啊，你的身材好好啊！”“啊，你的气质太好了！”“啊，你真是太有才华了！”“啊，你刚才的演讲真的太精彩了！”……

自我价值感高的人往往会欣赏别人。

自我价值感低的人往往会嫉妒别人。

嫉妒是如何形成的?

羡慕之余，再加上一点点的怨怼，就变成了嫉妒。如果只是单纯的艳羡，还不至于构成嫉妒。为什么会有怨怼呢？多半是比较的心理造成的。比较的心理大多来自童年成长的环境。那么，我们应该怎样面对自己的嫉妒心呢？其实，面对嫉妒心最重要的是要有觉知、觉察。为什么我会无缘无故讨厌那个女人？为什么我总是看她不顺眼？如果看到自己是因嫉妒而对对方不友善，这时候就要看看自己究竟在嫉妒什么。

通常我们会嫉妒对方拥有自己没有的东西，看透这种竞争比较心理后，我们会觉得很没必要。

随着不断地学习成长，现在的我，如果觉察到自己有嫉妒情绪，就会把它转成祝福送给对方。正向能量是相吸的，如果你艳羡别人拥有的，却把嫉妒的负能量投射过去，那么，你所羡慕的东西不会到你这里，因为你的负能量会排斥它。相反地，如果你投射祝福的能量，那么，你所羡慕的东西可能会被你吸引过来。

如果嫉妒情节真的很严重，那么你就要试着把眼光收回来，把注意力放在那个自卑、自怜的内在自我。看到别人的风光和才华，我们的内在会有个声音在说："你看，你都不如他。"这时候，不要让这个使你痛苦的声音控制全部的发言权，培养一个能站在你这里、为你说话的声音："她是她，我是我，我拥有的她未必有。"想想自己生命中的恩典，这样反而会让你有余力去祝福对方。

被嫉妒也是很多人的苦恼。

我发现，被嫉妒跟自己释放的能量有关。当我带着一股炫耀、自以为是的能量出去的时候，就会有很多人嫉妒我。当我怀着谦卑的心出去时，被嫉妒的能量就会少许多。所以，如果你是为被嫉妒而烦恼的话，首先要检查自己的起心动念，有时候我们隐藏得我们好，别人看不出来原来我们还有一颗很想要炫耀的、张狂的心，但是，能量是瞒不住别人的，还是会显露出来。所有外在世界的活动都是内在的投射，这种说法一点不假。

同为女人，其实，我们应该比男人更懂女人、更呵护女人、更关爱女人、更心疼女人、更理解女人、更支持女人，而不是嫉妒、伤害、刁难、摧残、蔑视、嘲笑和我们一样的女人。否则我们没有办法真正成为一个优雅的女人。

如何克服嫉妒呢?

看见嫉妒—承认嫉妒—接纳嫉妒—化解嫉妒，最后就可以克服嫉妒。

接纳自己，闭上眼睛，回想一下，曾经，我或多或少地嫉妒过哪个人，让那个人的名字出现在你的脑海里，浮现在眼前，并送出祝福给她。

当不嫉妒，愿意赞赏时，你就支持了他人生命的成长。

当不嫉妒，愿意欣赏时，你就成为一个更宽容、胸怀更宽广的女人。

当不嫉妒，愿意分享时，你就成为一个不仅异性喜欢你，同性更喜欢你的女人。

当不嫉妒，愿意赞美时，你就成为一个有爱的能力的女人。

当不嫉妒，愿意祝福时，你就成为一个天使般的女人，散发着璀璨的光芒。

当不嫉妒时，你会发现，你的世界从此更宽广、更明亮、更灿烂!

当不嫉妒时，你的美就会放大十倍、百倍以上， 你就会更有气质、更有吸引力、更有人格魅力、更有感染力、更有影响力!

## 四、同理心的威力

我们的生命是由很多关系组成的，关系的品质决定了生命的品质。下面的“深情凝望”和“慈悲倾听”会让你感受到同理心的威力，使你诸多的生命关系更和谐。

1. 深情凝望

对一个人最大的爱，就是我的眼里只有你。

对一个人最大的伤害，就是你就在我面前，我却无视你的存在，我看不上你，我瞧不上你……

有时候你可能没说什么，你只是看了她一眼，她就会觉得很温暖，很受鼓舞，感到被支持，就会和你的心很近。

这是一组双人练习，要求是和你生命中最重要、最爱的人，两个人面对面坐下来，膝盖对着膝盖，眼睛看着眼睛。接下来整个过程中不要说话，只看着你眼前的这个人，不管外面发生什么，别人怎么样，你都只把焦点和关注放在对方的身上。坐在你面前的这个人是你生命中最重要和最爱的人，他会是谁呢？是你的先生，是你的孩子，是你的父母，还是你生命中某一个重要的人呢？他会是谁呢？他现在在哪里呢？你有多久没有见他了？你有多久没有这样好好看着他了？你有多久没有这样好好关注过他了？还记得他一直看着你的眼神吗？那个眼神想对你诉说些什么呢？他的眼神里写满了什么呢？

不管发生什么，我都邀请你，依然看着对方的眼睛，全心全意地和对方在一起，就像他也会全心全意地和你在一起一样。

在一个阳光的午后，或舒适的夜晚，或放松的假期，做这个练习，试试看，你会获得怎样的惊喜。

2. 慈悲倾听

练习之前，让我们先来了解一下这几个字中蕴藏着的老祖宗的智慧吧。

慈：“兹”心，就是当下的心！

悲：“非”心，就是容许不同的心，不评判是非对错的心！

倾：身体前倾，表达关注！

听：繁体字为“聽”。耳朵为王，十分专注的目光，一心一意就是“聽”。

“慈悲倾听”也是唤醒爱的慈悲倾听。《唤醒爱》的作者金雪老师以她22年的教育培训经历和对心理学的研究发现，慈悲倾听对于快速拉近距离、创造和谐关系有很大的帮助。

一说到倾听，可能很多人都会想，这还不容易啊，人有两个耳朵，只要不是先天失聪，落草就能听见动静。但真正掌握倾听艺术的人，可谓凤毛麟角。

不信，我们来做一个实验。

你找一个好朋友，对她说，我现在和你讲讲我的心里话。而游戏规则是她不要认真听，她可以东张西望，她可以搔首弄姿，她也可以听音乐、梳头发，做一切她忽然想到的小事……总之，她什么都可以做，就是不必听你说。

当你的朋友决定配合你之后，这个游戏就可以开始了。你一定要拣一件撕心裂肺的事来说，越动感情越好，不可以潦草敷衍。

当一切准备好后，你就可以开始讲了。

你觉得你可以说多长时间？我猜最多 3 分钟，你就会“鸣金收兵”，无论如何也说不下去了。面对着一个对你的疾苦、忧愁无动于衷的家伙，你再没有兴趣敞开襟怀。你不但缄口了，而且还感到沮丧和愤怒。你觉得这个朋友愧对你的信任，太不够朋友。你决定以后和她疏远，你甚至怀疑认识这个人是不是一个错误……

你会问，不认真听别人讲话，会有这样严重的后果吗？我可以很负责任地告诉你，正是如此。有很多我们丧失的机遇，有若干阴差阳错的信息，有不少失之交臂的朋友，甚至各奔东西的恋人，那绝缘的起因，都是我们不曾学会倾听。

好了，这个令人不愉快的游戏，我们就做到这里。下面我们进行一项令人愉快的活动。

还是你和你的朋友。这一次，是你的朋友向你诉说刻骨铭心的往事。请你身体前倾，保持目光集中。你屏息关注着她的眼神，你的情感随着她的“情感冲浪”而起伏。如果她高兴，你也报以会心的微笑；如果她悲哀，你便陪伴着垂下眼帘；如果她落泪了，你温柔地递上纸巾；如果她久久地沉默，你也和她一同沉默……

非常简单。当她说完了，游戏就结束了。你可以问问她，在你这样倾听的过程中，她感觉到了什么。

我想，你的朋友会告诉你，她感觉到你给了她尊重，给了她关爱，给她的孤独以抚慰，给她的无望以曙光，给她的快乐加倍，给她的悲伤减半。你是她最好的朋友之一，她会记得和你一道度过的难忘时光……

这就是倾听的魔力。

倾听的“倾”字，我原以为就是指身体向前斜着，用肢体语言表示关爱和注重。其实不然。或者说仅仅这样理解是不够全面的。倾听，就是“用尽力量去听”。这里的“倾”字，类似于倾巢出动、倾国倾城、倾盆大雨……总之，代表殚精竭虑、毫无保留。

可能有点夸张，但倾听的重要性我必须提到相当的高度来认识。

很多人最容易犯的毛病——他明白倾听的所有要素，也懂得做出倾听的姿态，其实呢，他在想着自己待会儿要说的话。他关注的不是述说者，而是自己。装，是很容易露馅的，只要他一开口说话，神游天外的事实就暴露了。

让我们学会倾听吧。当你能够沉静地坐下来，目光澄澈地注视着对方，抛弃自己的傲慢和虚荣，微微前倾你的身体，那么你就能听到心与心碰撞的清脆音响，宛若风铃。

沟通的最高境界是，听。听得让别人很愿意说。说，说得让别人很愿意听，从耳到心、到口，只有经过沉淀，才能成为“腹有诗书气自华”的人。只是从耳到口，气怎么会升华呢?

不要让你的舌头超越你的思想——先学会听，再学会说。听得准才能说得好。

沟通心理学强调，一个善于沟通的人首先应该是一个听众。当他需要开口时，要先用眼睛来观察别人的非语言反应。

听，是对别人最好的恭维！

你听别人的，别人才听你的。

倾听的层次：我在，我在听，我在用心听。

从今天开始，请这样去做吧：

（1）目光与讲话者对应，面部表情根据对方的话有所反应。

（2）身体前倾，表示对谈话感兴趣、关注。

（3）运用头部动作，点头表示认同，摇头表示否认。

（4）运用“嗯”“是”等表示你在倾听。

（5）要“所答即所问”，这表示你在与人交流。

## 五、我值得拥有

很多漂亮、优秀的女性经常有“我不值得拥有”这样的信念，这个信念真是害人不浅，甚至会一代代传承。“我不值得拥有”背后的潜台词是：我不够好，我不够优秀，我配不上……比如有一个贫苦的农妇，对于城市大商场里那些叫得上名字或叫不上名字的日用品会有 “那些东西，不是我这样一个苦命的女人可以享用的”这种想法，而城市里的女性就会想：“那些是很普通的东西啊，做一份平常的工作，拿一份不多的薪水，就完全可以消费得起。”

比如，一个女孩长得漂亮，待人真诚、善良，也很上进努力，是别人眼中的优秀女孩。等她到了择偶的年龄，她遇到了一个长得阳光帅气、品行端正，也非常优秀的男孩，他们俩在很多人眼里是最般配的，男孩也这么认为，女孩子表面很开心，但内心深处总有一个声音说：我不够好，我这里不好，我那里也不好，他那么优秀，他比我强多了，他会不会变心，他会不会哪天就嫌弃我了……因为有这样的想法，这个女孩就会患得患失，就会缺乏安全感。越是这样，就越是有控制欲，有怀疑心，总想查看对方的手机，有点蛛丝马迹就会小题大做，最后男孩筋疲力尽，分手了。表面上看是女孩不相信男孩，其实是女孩不相信自己，没有安全感，这是“自己不值得拥有”的表现。

比如母亲觉得自己不够好，会把这种信念传承给孩子。就像伊能静在TED（Technology Entertainment Design，一个世界著名的演讲平台）演讲中的一段描述：

“我跟我妈妈从小就很疏离，因为我很小就出来工作，所以我是一直赚钱养家的那个人。我是家里的第 7 个孩子，在我出生之后我父亲就离开了我们，因为我不是个儿子，我们家 7 个都是女孩。我父亲是个军人，他从山东到了台湾，他认为他将来要回家乡一定要带一个儿子。所以当他发现我是女儿，我妈妈不能再生的时候，他就离开了我们。所以我当时发誓我要当家里的长子，我要让我爸爸知道，这个女儿跟儿子一样强。我一直在证明这件事情。

“所以当我打电话给我妈妈的时候，我说：‘妈，你可不可以告诉我，你跟爸爸发生了什么事情？’那是我第一次跟我母亲这么亲近地说话，因为我很早就离家了。然后我妈妈，一向像中国传统妇女的那个沉默的母亲就开始说：‘是我不好，是我不对，我生不出儿子来。然后呢，爸爸离开了，爸爸是对的。我没给你爸爸生一个儿子。’

“你们都知道在中国，女人至高无上的赞美就叫为家庭牺牲、奉献。只要这个女人为家庭牺牲，就了不起。而在中国的父权社会当中，人们可以把这个女人吊死只因为她生不出一个儿子来。我妈妈把她生不出儿子的罪恶感交给了我，我进入一个家庭之后，我又把这个罪恶感带给了我的下一代，这种轮回到底要多久？

“我妈妈最后跟我说了一个故事，她在我很大以后，拿了当时的30万台币要去买我爸爸在外面生的一个儿子。当她敲了那个女人的门，那个女人把门打开抱着那个孩子的时候，那个女人跟我妈妈说：‘你呀，生不出儿子来，你就别想了吧。’就像你们看到的电视剧，我妈妈带着愧疚感回家，哭了一个晚上。

“可怕的攻击不是来自父权社会建立的这个信仰，而是来自女人对女人自己的挞伐。女人自己会攻击女人说你生不出儿子，你今天没有为家庭牺牲、奉献。你伊能静凭什么这么自私，你凭什么四十几岁还能找到一个比自己小十岁的男朋友，你凭什么？你带坏了所有的女人。

“我一直以为我的恩典是我的儿子。但是没有想到我在单身五年以后，坚持了我所相信的一切，我又拥有了一个秦先生，也就是我现在的丈夫。我一开始非常怀疑，但是我永远不会忘记五年前我要从印度离开的时候我对自己许下的承诺，我说：Annie,be it,don't do it！成为一个勇敢的人。虽然我的先生小我十岁，当我更年期的时候，他还非常年轻帅气。但是，be it，勇敢，我相信他会爱我的内在，我相信我不需要再经过母亲的轮回，我不用为这个家庭牺牲什么，我只需要是我自己，只要是两个灵魂的互敬跟互爱。”

把自己当作贵族，没有什么是你不配享用的。有些平凡的女子会被那些名人身上的光环“闪晕”了，即使能在公众场合见到她们，也都是远远地仰视。成功的女人们一个个威严尊贵，谈吐不凡，让人觉得自己和她们的差别太大了，永远也无法达到她们那种高度。不跨越这种畏惧心理，你就无法踏上向上的台阶。

不妨把你的眼光望向一年、三年、五年，甚至十年后，假想你在自己的专业领域里有举足轻重的地位，假想最优秀的男人是你的伴侣，假想豪华舒适的房子和车子……专注于这些想象并化为目标，你就可以把自己的每一天看作一个逐渐接近目标的过程，你会获得让自己变得与众不同的力量！

## 练一练：赞美的力量

在日本，曾经有人做过一项真人实验，她们选择一个相貌平平的女孩，作为实验的主体，每天都在她耳边说赞美之词。坚持 50 天后，奇迹发生了。人们惊讶地发现，女孩在没有整形，也没有刻意减肥的情况下，变得眼睛明亮，笑容灿烂，五官更加玲珑精致，气质上也显得更加自信，完全像换了一个人。效果比整容好一百倍！

赞美，才是世界上最温柔的“手术刀”！

长期生活在赞美之中的人，就像沐浴在阳光和雨露中的花草，会焕发出别样的生机。

日本科学家江本胜先生写的《水知道答案》，说的是万物要符合自然的规律。把水装在玻璃器皿中，然后放在冷库冻上 3 个小时，在玻璃器皿中会形成冰块。将光线投射到凸起的冰块上，用显微镜观察，就能看到结晶。城市的自来水几乎无法形成结晶，因为在消毒过程中使用了氯，从而将天然水的美丽结构全都破坏掉了。只要是天然水，无论出自何处，它们所展现的结晶都异常美丽。当水看到“爱”和“谢谢”几个字的水，形成美丽的六角形；

而看到“混蛋”二字的水，形成破碎而零散的形状。同样地，把“让我们做吧”这句话贴在瓶子上给水看，它的结晶形状就很整齐；采用命令式口气要求它“一定要做”“必须给我做”，它甚至无法形成结晶。这个实验让我们了解到日常生活中措辞的重要性。使用友善、温和的语言，会将事物带向好的方向；而恶言相对时，则会导致不好的结果。“爱”与“感谢”同时也是所有宗教的根本。

阿联酋一所学校也做过一个类似的实验。实验人员从超市买了两株绿植，并给它们贴上标签，放在学校的大厅。每天都有孩子对其中一株绿植说：没人喜欢你、你是个错误、你一无是处、你根本不算绿植、你还没死吗……同时，他们对另一株绿植说：我喜欢你的样子、一见到你就特别开心、你真的很美、这个世界因你而改变……在短短 30 天的时间里，孩子们发现，一直遭受指责的绿植，渐渐枯萎，而受到赞美的绿植却生机勃勃！

你看，诋毁和赞美的力量，对一株绿植尚且如此，何况是对一个人来说呢？

孩子在一生当中要接受五千次肯定，才能在未来遇到任何困难和挫折的时候，不会轻易被打倒或放弃生命。

女人的赞美和鼓励，能让一个男人变成英雄。

赞美，是最温柔的“手术刀”，它能将对方一点一点融化和重塑，直到对方成为你所说的样子。从今天开始，多给自己爱的人一些温柔的肯定和赞美吧。

注意，赞美不是子虚乌有地溜须拍马，而是真实真诚地去找到他真真正正具备的资源。

## 记一记：练习不可少　坚持很重要

每天坚持写下三件事情，不管是好事还是坏事，在这几件事情里面找到正面的意义。举例：今天冻感冒了。不要写真的很讨厌天气忽冷忽热的，而要写从这件事情收获的礼物和正面意义：“谢谢感冒的提醒，让我以后出门时带一件保暖的小外套或披肩，以防天气变化。”

坚持 21 天，看看会发生怎样神奇的效果。

这个世界是好还是坏，都是你自己定义的。你看待这个世界的角度决定了你的人生是充满欢乐还是很多烦恼，充满幸运还是倒霉不断。

每日打卡（22）

| 天数 | 第1天 | 第2天 | 第3天 | 第4天 | 第5天 | 第6天 | 第7天 | 第8天 | 第9天 | 第10天 | 第11天 | 第12天 | 第13天 | 第14天 | 第15天 | 第16天 | 第17天 | 第18天 | 第19天 | 第20天 | 第21天 |
|---|---|---|---|---|---|---|---|---|---|---|---|---|---|---|---|---|---|---|---|---|---|
| 练习次数 | | | | | | | | | | | | | | | | | | | | | |
| 练习收获 | | | | | | | | | | | | | | | | | | | | | |

## 寄语

请记住：

你是独一无二的，你是尊贵的，你是受祝福的，你是健康美丽的，你是优雅智慧的，你是值得被爱的……

你的每一寸肌肤都很柔软光滑，并散发出青春、健康、喜悦的光芒。爱与美丽正在源源不绝地注入你的身体，经由你健康无比的身体，衍生着万事万物！

请告诉自己：

从今天开始，我选择欣赏疼爱我自己，优雅自信地活着。

从今天开始，我选择营养均衡、清淡洁净的食物，健康美丽地活着。

从今天开始，我选择聆听内心深处最真实的声音，身心合一地活着。

从今天开始，我选择看到我所拥有的一切，充满爱和感恩地活着。

从今天开始，深深地欣赏、接纳和尊重作为女人的自己。

从今天开始，回到生命里，真正做自己。

# “积极阳光的心态”自测题

1. 你认为自己平常的心态如何?

A. 积极阳光　　B. 阴晴不定　　C. 闷闷不乐

2. 你是否会嫉妒比你优秀的人?

A. 会　　B. 偶尔会　　C. 几乎没有

3. 如果你发现自己嫉妒别人，会怎么做?

A. 自我觉察，化嫉妒为祝福

B. 找到差距，努力追赶

C. 当下嫉妒，过后嫉恨

4. 你是否容易生气?

A. 想得开，很少会　　B. 偶尔会　　C. 容易生气

5. 当你愤怒的时候，你是如何处理情绪的?

A. 先深呼吸再来调整情绪

B. 有时控制得还行，有时控制不了

C. 不讲后果，发完脾气再说

6. 当受委屈的时候，你会?

A. 找人倾诉，痛哭一场

B. 看场域情况决定是否诉说

C. 憋在心里，闷闷不乐

7. 你是否经常赞美别人?

A. 经常赞美　　B. 偶尔赞美　　C. 很少或几乎不赞美别人

8. 你会记得父母兄弟姐妹的生日并及时送上祝福吗?

A. 记得，从未忘记　　B. 偶尔记得　　C. 时常忘记

9. 当朋友需要帮助时，你会？

A. 力所能及，尽心帮助　B. 看情况　C. 能躲则躲

10. 你是否有亲和力?

A. 有　B. 偶尔有　C. 没有

11. 你是完美主义吗?

A. 是　B. 有一点　C. 不是

12. 当在商城遇见一件很漂亮的衣服，但价格高昂，你会?

A. 觉得自己值得拥有，要买

B. 看经济情况

C. 觉得太贵了，有钱也不买

13. 你是否体验过爱与被爱的感觉?

A. 时常体验　B. 偶尔体验　C. 从未体验过

14. 你是否有经常阅读探索内在心灵的书籍?

A. 经常　B. 偶尔　C. 很少

15. 朋友聚会，很久没见的朋友说你?

A. 更年轻了　B. 跟之前一样　C. 憔悴很多

如果你的答案有 12 个或 12 个以上是 A，恭喜你，说明你有很积极阳光的心态，相信你是一个很智慧的魅力女性哦!

如果你的答案有7个以上是B或者C,说明你还需要努力哦!

如果你的答案大部分是B和C,不要告诉别人,自己知道就好,你要狠狠地补课了!

# 后　记

POSTSCRIPT

## 活出来的生命状态

这个世界上有两类人：一类是说出了真理，另一类是活出了真理。

明星或许离我很遥远，但以下这几位女性就在我的身边，眼见着她们多年如一日地活出了众人羡慕的模样。永远向有结果的人学习，因为结果不会撒谎。来，让我们一起走近她们吧。

## 不老女神——郭月香

在我们的印象中，年过六旬，绝大多数人变成了拎着篮子去菜场买菜的“老太婆”，或是摇着蒲扇在活动室下棋的“糟老头”，或者在家侍花养草、含饴弄孙……似乎垂垂老矣的自己就该是这种“心宽体胖”的样子，似乎年轻时健康的体态只能是回忆了。

可是，世界上并不是每个人都是一样的想法，一样的做法的。你一定不敢相信，照片（见第 283 页）中这位极具魅力的女士已经 55 岁了。她曾经也和普通人一样，到了四五十岁，进入“中年妇女”行列，身处这个行列，她反倒非常清醒，逐步悟出一个道理：人的一生，不论长短、贫穷富贵，在任何阶段，无论何种性别，都要时刻警惕不能失去自我，自己不爱自己，就不会有幸福的人生。作为一个有独立人格的人，要真正地爱自己，在任何年龄段，都要保持朝气蓬勃的状态，拥有一个年轻的身体、健康的心态，要活出自我的本色。所以，她下定决心，潜心学习，用心琢磨，用了 3 年时间坚持不懈地探索、实践，完成了从外在到内在的蜕变，成就了完美的自己。

她是河北邢台媚思佳美业集团董事长、北京肽吉堂董事长，也是《站姿与健康》的作者——郭月香女士。大家都亲切地称呼她为郭老师。

郭老师，学习优雅仪态的时候已经 52 岁，没有任何专业形体训练基础，身体也和许多中年人一样，肩有些往里扣，背部也不那么直，有含胸驼背的趋势。但经过 3 年的摸索学习和坚持不懈地训练，她的胸腔打开了，背挺直了，气质也变得轻盈起来，整个人显得柔而韧。她不仅收获了外在形体上的变化，更是通过自身的修炼收获了身体的健康和内在的成长。因为自己在练习中有切身体验，受益匪浅，她更坚定地意识到：人活一世，都是带着使命来的。自己要做爱的使者，要把这份健康和美丽分享给更多的人，让更多的人了解站姿与健康的关系，使这项简单易学的基本功与人生健康挂钩，与优雅仪态相伴。

郭老师于 34 岁在美容美发行业创业，52 岁经历事业转型，在中年开始了人生逆袭。她是全国巾帼建功标兵、河北经济十大风云人物、全国劳动模范、河北省优秀美容大师、河北省儿童慈善 30 年感动人物。她是有颜值、有才值、有价值的女性创业者，她更是将身体还原本真的践行者。

她今年已经 55 岁了，已经做了外婆，但在她身上我看到的是永远如少女般青春的生命状态，如此简单、纯净和轻盈。她已经超越年龄，跨越时空，拥有了永恒不变的美丽。

她是一位有着灵性商业智慧的成功企业家，就在不久前，她又被清华大学建筑设计研究院特聘为企业技术专家。

她也是一位生活美学的践行者、传播者，她用心精进、热情洋溢，和她在一起，你会被她身上无私的爱、美丽、洒脱所感染，甚至会情不自禁地大呼她为“青春美少女”，然后和她深情地拥抱，感受她身上这份通透、纯净、温暖的女性能量。

她践行正确体态的过程，也是重新找回自己、找回灵性与柔软的过程。

在对健康的长期追求中，郭月香女士逐步认识到了一个关键：让身体回归本真，才是真正的健康。

郭老师在长期对正确站姿的实践中，总结了大量的经验。她在《站姿与健康》一书中，将人体结构学、生理学的知识作为引证，为学员塑造一种全新的练习模式。在强调外在优雅挺拔的同时，更注重动作的精准性，还原身体的自然属性，达到很好的促进健康的功效。

“蒲公英时光”作为华人女性滋养学习平台，是从内在成长、外在魅力、家庭和谐、财富事业四大维度为华人女性提供完整的课程解决方案和生命成长支持体系，而郭老师是“蒲公英时光”成长路上的支持者、见证者和陪伴者。我知道，这是一份很深的缘分。

余生，愿我们携手相伴，优雅同行！

## 励志女神——江玲

出生于新疆的江玲，天生有一双深邃灵动的眼睛，还有迷人的小酒窝，笑起来很好看！

不去了解她的过往，你都会被她轻盈、挺拔的身姿所吸引，而当你与她深交，更会被她的勇气、智慧和大爱所折服。

从小在新疆生产建设兵团生活的江玲老师，自律性极强，对工作、生活都保持积极阳光的态度。毕业后的她从军区医院出来自主创业，在美容行业创出一片自己的天空，事业蒸蒸日上。

然而，由于长期长时间工作，她的身体处于亚健康状态，还经历了两次大手术，腰部终身带四颗钢钉，多亏家人爱护有加，让她走过了卧床半年养护疗伤的灰暗日子。

当她的身体在慢慢康复时，身体却因为药物作用不断发胖、发虚，整个人显得臃肿无神，大大打击了她对生活的自信。

她以为此生也许只有接受这样的安排了，只要能健健康康、平平安安地活着，与家人一起便是最好的恩典。

2015 年，一次偶然的学习机会让她接触到优雅仪态课堂，她被老师身上的优雅深深吸引，内心也渴望成为那样的女性。

然而，当时的她犹豫了，138 斤胖嘟嘟的她腰间还藏着 4 颗钉子，40 多岁的年龄，12.8 万元的学费，来回广州与福建的时间与距离，还有先生和孩子的牵挂……生活阻挠与梦想发生拉扯，唯有爱是支撑前行的力量！

在犹豫不定之际，先生问她："你是期待享受学习的过程，还是期待学习后见证不一样的自己？如果你期待与学习中的自己相遇，你就去吧。毕业后无论你成为怎样的你，都是我心目中最爱的女人，孩子们的好妈妈。"

先生的话让她选择听从内心的声音，踏上自我修炼之路，为了以最快的时间学习到最核心的知识，她在学堂旁边一住就是半年，走过初级班、中级班、高级班、导师班。每天第一个到学堂，最后一个离开。

学习前

学习后

在那段时间中，她蜕变了，像一个精灵，整个人都变得轻盈、挺拔，气质不凡，体重由 138 斤降到 105 斤，衣服换小了两个码，还学会了如何运动而不让腰再次受到损伤。在学习优雅仪态的道路上，她还结交了一群志同道合的好闺蜜。

先生和孩子从她的学习反馈中感受到她的变化，都在背后默默为她加油。毕业典礼上儿子隔空向她表白：“妈妈，您真棒！您是我的女神！”原本在青春期有点胖和扣肩的女儿看到妈妈的变化，向她表达：“我要以妈妈您为榜样，以后也好好学习形体仪态，做一个轻盈柔软的女子！”

家人们柔软的眼神，爱意满盈，以及他们的鼓励让江玲倍受激励，身材和气质不断变好的同时，也激发了她做仪态导师的梦想。她开始开班授课，言传身教地传递优雅。

从私教班，到大课班，从家门口，到全国各地，她日复一日穿梭在优雅课堂上，课程越来越多，学员也越来越多，她倾囊相授的同时，也渴望有个能终身栖息的平台和团队一起同行，让优雅事业走得更远、更久。

终于，她遇见“蒲公英时光”，她说“蒲公英时光”是自己心中觉得最真、最美的地方，她希望，往后余生自己可以在“蒲公英时光”的课堂上去支持每一个姐妹活出优雅卓越的人生。课堂上下，她对每一个学员倾注了真诚的爱和陪伴，用严谨、专业和非常严格的训练，帮助一个个学员完成蜕变。江玲老师常说：“我知道，每当我走上讲台，‘老师’二字，是对我最大的赞赏，我愿倾尽所有来灌溉这些爱的花朵，我希望她们如清晨的阳光一般自由而温暖。”

很多姐妹被江玲老师的精神感动，被她的故事激励，也一个个从全国各地来到“蒲公英时光”广州总部的课堂，也迎来了自己全然绽放的人生！她真正做到了用生命影响生命，用梦想点燃梦想！

## 逆袭女神——素莲（自述）

我是素莲，是三个孩子的母亲，大女儿读大学二年级，儿子在当地的重点高中读高一年级，小女儿读六年级。在没走进“蒲公英时光”之前，我是一名家庭主妇。记得有一次，我去学校接孩子放学，孩子说妈妈你在路口等我就好了。送她上学时，她也是让我送到路口，而不是送到学校门口。一天我问她：“宝贝，你为什么让妈妈在路口等你呢？怎么不让我去你学校呢？”她说：“妈妈，你看你现在多难看啊，我怕我同学看到了笑话我。”我当时根本没有意识到我的不修边幅会给孩子造成心理上的影响。我认为我的孩子这么小就很虚荣，当时就把她训了一顿。然后就回家了。

等我回到家里洗漱的时候，仔细端详了镜子里面的自己，才发现，我确实把那个曾经最灵秀、最美丽的自己弄丢了。

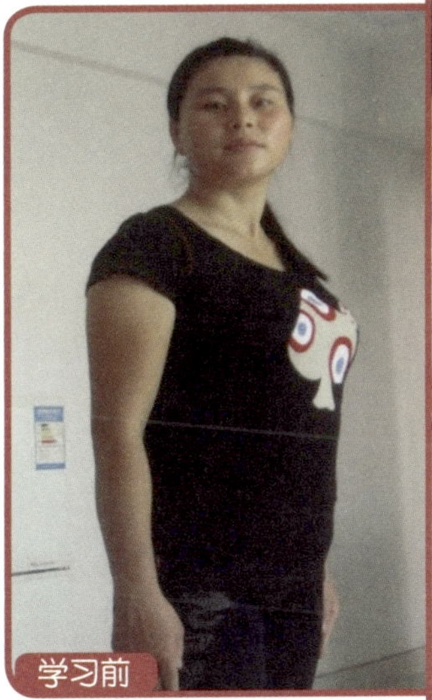
学习前

学习后

为了照顾家庭和孩子，我放弃了自己所有的梦想。从一个身材苗条的青春女性，变成了一个面容憔悴、身材变形的中年妇女。

回想曾经，我也拥有最美好的青春年华，用我同学的话说，我当时也是远近闻名的校花；用我妹妹的话说，当年提亲的人把我们家的门槛都要踏破了。我带着所有的梦想，走进了婚姻将近 20 年，生了三个孩子，那将近 20 年的婚姻打磨，使我快不认识我自己了，我当时特别的伤心，看着镜子里的自己号啕大哭，一遍遍地问自己：我怎么把我自己弄成了这个样子？我怎么变得快不认识自己了？我不能再这样下去了！曾经以为婚姻是浪漫的、是惊喜的，甚至吵架也是美好的。可是过了冲动的年龄才发现，原来好好地爱自己，才是今生最美好的事情。

罗曼·罗兰曾经说："很多人在 20 岁、30 岁的时候就死了。一过这个年龄，他们只不过变成了自己的影子。此后的余生不过是在模仿自己中度过，日复一日，重复有生之年的所作所为、所思所想、所爱所恨。"

我们都害怕衰老，都害怕青春不在。可是真正的衰老，不是眼角的皱纹，不是下垂的肌肤，不是爬上头的白发，而是一个人的心不再滚烫，思想不再前进，对生活失去了热忱，失去了梦想。安于自己的无知，浑然不知自己错过了多少可以让人生更美好、更精彩的东西。

一个偶然的机会让我接触了优雅仪态的课程，我从初级班到中级班到高级班再到导师班，经过慢慢地学习成长，我逐渐走进了自己的内心。除了体态上的变化，更重要的是我学会了接受自己，拥抱自己的内心世界。我才意识到在此之前，我都没有真正好好地爱过我自己。我记得有位老师说过，将

一个人唤醒是对这个世界最大的功德。那自己醒来是对这个世界最大的贡献！所以说无论在任何年龄阶段，千万不要轻言放弃自己！现在的我自信、从容、淡定、优雅、美好。所以说想开始什么时候都不晚。

曾经的经历塑造了我现在的样子，现在的时间正在塑造我未来的样子。我相信像我一样的姐妹们，你们也可以！

所以姐妹们，余生请放肆地爱自己。愿我们虽然已为人母，转身仍像少女，年龄成谜，身材无敌，历尽千帆不染岁月风尘！用自己喜欢的方式爱自己，活成自己喜欢的样子，而不是别人期待的样子。时光很美，让我们同行吧！

## 优雅新秀——安琪（自述）

我是江西的安琪，今年21岁，是一名在校大学生，我和很多学生一样，除了完成学业，还时常想毕业后做些什么，每当这时我就会感到迷茫。就在这时，我了解了“蒲公英时光”的“新·优雅仪态”导师班，幸运的是父母很支持我，他们希望我毕业后能做自己喜欢的事情，也能拥有幸福的人生，我也确实如他们所愿找到了我人生的热爱。谢谢我的爸爸妈妈！

当我来到课堂，我惊讶地发现，竟然有这么多来自全国各地的优秀的姐姐们，她们当中有女企业家、公司高管、职场精英、全职太太……她们很多是当地有影响力的女性，但仍然愿意放下所有的光环，在这里做一名普通的学生，在这里学习如何更优雅，更具有女性魅力。她们对我的启发和影响很大。经过寒暑假高级班和导师班的两期的“精雕细刻”，回到学校，很多同学说我挺拔了，变高了，更有气质了，甚至我的老师也多次向我咨询。我对自己的未来不再迷茫，有了明确前进的方向与动力。我感受到优雅仪态不只是成熟女性需要的，对于年轻女性，更是不可或缺的。优雅的仪态、气质不仅让我们更自信，也让即将进入社会的大学生更有“底气”。

我庆幸自己在这么年轻的时候就接触了优雅仪态课程，让我学会了如何成为一个内外兼修的美好女孩，让我学会了如何以一种最和谐的方式与这个社会沟通，也让我以后的事业和感情路上洒满了阳光。

## 寄语

走在光里，
请保持你心中的光，
因为你不知道，
有多少人将借着你的光走出黑暗；

请永远保持你的善良，
因为你不知道，
有多少人将借着你的善良走出绝望；

请保持你心中的信仰，
因为你不知道，
有多少人将借着这份信仰走出迷茫。

# 答读者问

## 1. 为什么女人持续学习成长至关重要？

因为学习成长是女人唯一的依靠。学习成长可以让女人非常自信地拥抱未来。面对变化，不会患得患失，不会没有安全感，不会对未知的世界充满恐惧。

如果你的先生不优秀，那你一定要学习，因为你没有依靠；如果你的先生很优秀，那你一定要学习，否则你无法跟上他前进的步伐，你就会很危险；如果你的孩子不优秀，那你一定要学习，因为你是母亲，你要引领他的思想；如果你的孩子优秀，那你一定要学习，因为你是母亲，你不能成为他的绊脚石。

## 2. 女性教育就是女权主义吗？

男人是山，顶天立地；女人是水，滋润万物。

男女的分工协作成就了家庭的和谐，推动了社会稳定和可持续发展，缺一不可。

女性教育不是女权主义，而是让女人回归到女人本来的样子。

女人本来的样子，应该是柔软的、温暖的、美丽的、凝聚的，有“上善若水”的智慧，是大地母亲般的承载。

女性的力量，能化解很多冲突，还可以治愈很多创伤，为这个世界带来包容、大爱的和谐之美。

女人可以选择工作，也可以选择照顾家庭，不管是选择哪一种，都是在运用女性的智慧和能量。我们相信这样的女人，在工作上可以有“四两拨千斤”的成功，在家庭里可以和谐地创造幸福。单身的时候可以活出自己的骄傲，结婚后可以让一个家族更加兴旺。

## 3. 优雅仪态课程有必要不断创新吗?

任何事物在保留精髓的同时都要与时俱进地进行创新，就像手机、汽车、软件等。

手机需要不断推出新功能，让大家有更好的体验；汽车需要越来越节能减排，考虑环保；软件需要不断迭代升级，推出 2.0 、3.0、4.0 等，让客户有更好、更方便的体验。优雅仪态更是如此，就像古圣先贤的经典一样要古为今用、活学活用，不能生搬硬套，一成不变。

“蒲公英时光”作为中国优雅美学与女性教育领域的引领者，始终站在行业前沿。公司“优雅美学教研中心”研发开创了优雅仪态的 1.0、2.0，还有接下来不断迭代升级的 3.0、4.0 等，成为优雅仪态领域的引领者和标准制定者，秉承学术精神，匠心出品，与时俱进，围绕着女性的“体态、仪态、神态、心态、生命状态”五大维度，将形体力学、仪态美学、礼仪素养、心灵滋养、坤德智慧等融进课程，支持女性从形到心的完整融合，从而达到由内而外的身心滋养。

## 4. 彬彬有礼和矫揉造作有什么区别?

到底什么才是优雅的、有修养的举止呢? 很多人把彬彬有礼和矫揉造作混为一谈。确实，如果一个来学习优雅仪态的女性，她是自私的，爱嫉妒的，不爱学习的，没有良好的修养，没有善解人意的性格和与他人和谐相处的能力，那她的学习是刻意的，确实会显得装腔作势、东施效颦。因为没有灵魂，她所追求的外在与内在没有和谐统一，她学习的只是姿态举止本身，因为她不理解优雅的仪态是靠什么来承载。当离开这个课堂，她很快就会被打回原形。

所谓有修养的举止，是利用外在的一举一动来传达我们内心对别人的尊重，它源于对事理、人情的通达。它不仅是美的演绎，还是修养的体现。如果她的内心不坚信自己是一个举止优雅的人，她也没有那么强烈的渴望，那她的学习就永远只是处于模仿阶段。

## 5. 瘦等于美吗？

我们经常看到很多苗条纤细的女孩，站没站相，坐没坐相，扣肩驼背，塌腰挺肚，走路拖沓……完全没有把女性应有的体态之美展示出来，可惜了一副好身材。还有很多女人动不动就要减肥，胖的人不用说了，连瘦的人也经常嚷嚷着要减肥，这也是为什么曾经有段时间减肥药很热销。后来很多人吃完减肥药后出现反弹的情况，还伴有腹泻等问题，这种有损健康的方式换来所谓的瘦，真的美吗？别人看到你，只会说“你瘦了”，而不是“你美了”！美是建立在健康的基础之上，所有以牺牲健康换来的美都是短暂的。

所以，瘦不等于美！

## 6. 身材好等于体态好吗？

很多女性很舍得花钱买漂亮衣服，“三分长相，七分打扮”“人靠衣装马靠鞍”都说出了穿衣打扮的重要性。但服装再好，也是穿在人的身上。如果体态松懈，姿态笨拙，即使穿了很漂亮的衣服，化了很精致的妆容，也会给人“穿上龙袍不像太子”的感觉。所以不是你穿上漂亮的衣服就能显得高贵、气宇不凡，关键是你要有好的体态和气质，否则只会暴露你更多的缺点。

扣肩驼背或者身姿挺拔，你要哪一种体态呢？

## 7. 美等于有气质吗？

美不等于有气质，有气质一定美。

有些女人明明五官清秀，身材匀称，但因为扣肩驼背、塌腰挺肚……年纪轻轻的，看上去就比实际年龄老 5~10 岁。

有些女人相貌平平，单看长相，丢在人海里就是路人甲，但她整个人修长挺拔，走起路来很有风度和气质，就是人群中很靓丽的一道风景线，走在大街上会有很高的回头率！

## 8. 漂亮等于优雅吗？

一说到漂亮，很多人就会想到好脸蛋和好身材。而说到优雅，很多人会瞬间多了一份敬意。

漂亮的面容是父母的恩赐，青春的维度是生命的恩典，而优雅则是自己雕琢浸润的结果。

就像任何一个热门的产品都有它的生命周期一样，再漂亮的女人也会老去，但优雅可以跨越时空成为永恒不变的美丽。

当我们说一位女士很优雅的时候，通常意味着她的言谈、举止、气质、行为、着装品位以及与人相处时的态度修养等，都是美好的。

这也是为什么很多人都对优雅的女人有一种本能的欣赏和尊敬。

所以，优雅比漂亮更具有深层含义。

漂亮会让人瞬间被吸引，但这是短暂的；而优雅是永恒的，是穿越时空也不会被人遗忘的美丽！

## 9. 富等于贵吗？

富，是物质的；贵，是精神的。

大部分中国人所理解的贵族生活，就是开豪车、住别墅、挥金如土，对人招之即来，挥之即去。实际上，这不是贵族精神，这是“暴发户”精神。

所谓的贵族，并不是指有钱一族。真正的贵族，需要有一定的精神品质和文明修养，也包含了对一个人品行的描述，对礼仪的精通。只有财富上的成就，没有优雅的言谈举止，不能算是贵族。

## 10. 优雅是有钱有闲的女人的专利吗？

不是说你的银行账户上有“好几个零”、穿着皮草、有好多名牌包包、有豪车和别墅等这些物质财富，你就会自动成为一个优雅的人，不是的。雅和俗都是一种积累，比如你重复了一千遍的行为就很难再改变。优雅的举手投足通常被认为是豪门家庭熏陶浸染的结果，因为只有那样的家庭才有更多的机会学习、训练，并且有那么多的社交场合以供实践，经过日积月累才能培养出不凡的风度和气质！但现在，早已不是等级森严的封建社会，随着全球互联，我们每一位华人女性都有学习、成长与获得幸福的机会，也有了更多与全球接轨的社交机会。

很多人说，等我有钱有闲了再去学习优雅仪态、礼仪素养之类的课程，那样的一条道路，你只是在用时间、体力与青春换那些血汗钱，更别说过上你想要的生活。正确的是应该先学习这样的课程，让优雅仪态成为你生活的基石，即使暂时处于社会下层，你的言谈举止却很优雅，那么你的上升空间就会非常广阔。让自己成为一个礼物，成为生活中那份给自己的惊喜，那么你想要的一切都会被你吸引而来。

甚至有些人认为，优雅仪态是富太太和想嫁给有钱人的女生才学的，这真是天大的误会。如果原本就出身于上层社会，更应该有与身份相匹配的言谈举止和形象气质。如果出身于普通家庭，更有权利通过学习让自己变成自己喜欢的样子。让内在智慧相衬外在气质，让物质世界支撑精神世界，由内而外地散发优雅女神风范，这不是一件很好的事情吗？优雅的仪态不是空中楼阁，更不是有钱、有闲女人的专利。优雅是我们生活的一部分，像吃饭和呼吸一样是每个人的日常行为，融入了我们的日常，是每一个女人都可以拥有的东西。它是我们在柴米油盐酱醋茶中依然可以保持的美好，是我们不管遇到任何挫折，依然坚定地热爱生活的表现！

## 优雅是一种传承

当这个社会中优雅的女士越来越多的时候，她身边的男士会自动绅士起来；当优雅的母亲越来越多的时候，她所教育出来的孩子也会是温文尔雅，懂礼貌、懂礼节的。

而我身边就有一位这样的优雅女士，她总是着装得体、谈吐不凡，平日里让人如沐春风，工作时又兢兢业业，当她与你接触时，你会感觉被尊敬，但同时又不会有压力，特别舒服。她就是“蒲公英时光”礼仪研究院院长郭晓丽老师，她出身于书香门第，从事礼仪教学 17 年，参与了 2008 年北京奥运会、2010 年上海世博会礼仪训练，并主编出版了全国职业教育课改创新规划教材《商务礼仪》《商务职场实用礼仪》。我也听过很多礼仪课，但郭晓丽老师的礼仪课是有高度、有深度，同时又很接地气、百听不厌的。我尤其爱听她讲的《跟着＜红楼梦＞学礼仪》。

郭老师曾经讲述了她的奶奶对她们整个家族的影响，我们一起来听听：

“我的奶奶是被誉为‘民国最后一位女词人’的吕晓薇先生。在奶奶的教育之下，我们家族里，不管是奶奶的媳妇，也就是我的母亲这一辈的女性，还是我们孙女这一辈的女性，在我们的生活当中都非常有幸福力，都非常有生活的自信自尊，并且自强不息，她们给我们的家庭带来了很多的幸福与温暖。我记得，在我小时候，奶奶告诉我遇到困难一定要有‘万紫千红总是春’的信心；当家里包上一顿饺子的时候，奶奶会让我们端着盘子送给我们的邻居；当窗外有野猫叫声的时候，奶奶会带着我们去关怀大自然的小动物。这一切都滋养着我们的内心，让我们更加懂得生活的诗意，也更加懂得人的情怀。同时，在我们幼小的心灵成长中，也学会了作为一个社会人，作为自己，如何去交往，去成就并且去关爱。所以我觉得一位奶奶、一位母亲，当她们从小得到了爱的滋养、美的教养、优雅境界的引领，将是整个家族乃至社会都得到的最丰厚的礼物，所以我们认为一母好三代，优雅须传承。”

## 我们都是追梦人

自 2008 年底至今，我从事优雅美学与女性教育近 12 年，这些年的经历既是工作内容，也是自我学习和成长的过程，我和你一样，经历了从女孩到女人，从少女到成熟女人的过程。有时候会听到身边很多朋友和姐妹跟我说：“卫莲你好优秀”“孙老师你是我的榜样”“你是我的女神”……听到这些，我在开心的同时有一份庆幸，庆幸自己在最好的年华里投资了最多的时间和金钱在自己身上，让我穿越了曾经那些无助和彷徨，穿越了曾经那些压抑、委屈和没有自我的日子，终于成为我自己喜欢的样子，而不是别人希望我成为的样子。没有学习成长以前我的是什么样子呢？比方说一件事情，我不想去做，我已经很累了，可是当别人跟我说的时候，我仍然会说好，我仍然会答应，所以经常弄得自己筋疲力尽。因为我不会拒绝，我害怕拒绝之后会失去这个我认为很重要的人，会失去这段我认为很重要的关系，进而让我的整个世界坍塌。后来经过学习之后我才知道，不会的，其实真正的友情、真正的爱情、真正的合作关系，不会因为你说了真话或者拒绝了他，你就失去他；相反，你们的关系会更加的牢固。我也看到和我一起学习成长的姐妹们，她们穿越了生命中那么多的困惑之后开始变得智慧、美丽 、明艳动人，在她们的脸上闪着光，眼睛里闪着希望，嘴角带着善意。 这样的女性，单身的时候活出了自己的骄傲，结婚后，使一个家族变得兴旺。还有一些姐妹，她们在跟我诉说生命中很多的迷茫、困惑和纠结的时候，我看着她们，就像看到曾经的自己一样。

过去的十年，我完成了自我的学习和成长，变成了自己喜欢的样子，下一个十年，我要什么？我要去哪里？我生命的终极意义是什么？带着这样的困惑，我参加了亚洲教育峰会，去印度学习；我去参加了世界妇女大会，开始了我皈依佛门的信仰之路。我感受到了愿力的力量，这些领袖们都正在做着一件为“天地立心，为生民立命”的事情，我在想，我可以做些什么呢？那我可以为这个行业贡献什么呢？我可以为中国女性教育事业再做一些什么呢？于是我和一群经验丰富的伙伴们共同发起了“蒲公英时光”华人女性滋养学习平台。 因为在这十年里，我看到了很多从各种各样的专业导师班毕业的姐妹和伙伴，她们那么的善良、用心、努力，如此热爱这份女性教育事业，但是因为不懂市场、没有经验、没有商业思维，所以做得很辛苦，对这份事业的热情也慢慢被浇灭了。最近有一位姐妹跟我说，她在深圳开了一家形象礼仪和仪态的工作室，已经亏损了一年半，如果不是有其他的收入来源做支撑的话，很难坚持下去。类似这种情况的姐妹还有很多，当她们跟我说的时候，其实我的心里是难过的，我在想有没有可能我们团结起来，而不再是一个人或者几个人孤军奋战，有没有可能有系统 、有品牌 、有价值地一起做一件我们热爱的事情呢？答案是肯定的，在我们的心里，“蒲公英时光”有一个使命，就是让每一位华人女性都拥有学习、成长、幸福的机会；让每一位与我们同行的导师都能够真正事业有成、 做富而有爱的导师；让每一位与我们携手的合作伙伴都能够获得成功 。

带着这样的梦想，我们已经出发了。“蒲公英时光”这份女性教育事业，是一份让人感到幸福的事业，也是一份助人和自助的善业， 我相信也是每一位女性都渴望的工作和事业，也是每一位男人最应支持自己心爱的女人来到的地方。我们生活在历史上最美好的一个时代，我们生活在一个和平的时代，而优雅美学与女性教育事业是永不落幕的朝阳行业 ，我们可以一起来成就这份幸福的事业和这份伟大的善业。同时，我也是一个普通的女性，一个人的精力有限、资源有限、时间有限，但我们一群人在一起就能够创造无限可能 ，所以“蒲公英时光”希望凝聚一群有梦想、有热情、有情怀 、有使命的导师、女企业家和创业者，来共同完成这一份我们渴望的梦想和善业。

我希望我们这一群志同道合的伙伴们能一起在中华大地每一个城市共建一个个美丽而温暖的“蒲公英时光”女子学堂，让这里成为每一座城市女性最向往的学习成长、交友和创富的女子教育中心、女子家园。我相信“蒲公英时光”女子学堂（女子家园）能够成为每一座城市里女性向往的心灵家园，在这里，充满爱、真诚、美好、和谐、温暖和希望！我很欣慰地看到，因为有这样的一个愿望，“蒲公英时光”成立近两年来，已经拥有了强大的总部团队和导师团队，已经吸引了 1000 多位优雅美学与女性教育事业伙伴，在全国 120 多个城市开启了“蒲公英时光”女性课堂，并逐步在落地“蒲公英时光”女子学堂！

在我的心里，我一直深信：一个人要有多大的福报才能遇到一个这么好的时代，才能拥有自己的梦想，所以，我们应该深深感恩我们生长在这么美好的时代，感恩我们能生活在和平的中国。

就在这本书快要完稿的时候，我和每一位中国人一样都正在经历着一场没有硝烟的战争——新型冠状病毒引发的肺炎疫情，我和我的家人坐在餐桌旁，连续 8 天，我除了吃饭，就是一天连续十几个小时地敲打着键盘，完成对本书的最后修改。看着每一个文字，我的心里都会涌动着一份感动，我为至今仍然奋战在疫情一线 84 岁的钟南山老人家感动；我为奋战在一线的所有的大爱无私、勇敢无畏的白衣天使而感动；我为深夜离开家人奔赴武汉驰援的军医们的豪情而感动；我为英雄的武汉而感动；我为伟大的祖国而感动！我的心里有一种说不出的感受，热流涌动，常常眼眶湿润。这一刻，我越来越感到自己和“蒲公英时光”的使命是那么的重大，我们一定要去推动优雅美学和女性教育事业在中国的发展，我们要让每一个华人女性都拥有学习成长和幸福的机会，让每一位女性绽放优雅，受到幸福的滋养，让每一位母亲充满智慧和慈悲，让每一个家庭都充满爱和温暖，我们要为中华民族伟大复兴贡献女性微薄之力！我知道，谁也无法阻挡这个梦想的实现！

我相信，疫情很快就会过去的，中国人甚至是全人类，因为这次疫情抑或说天灾人祸，一定会变得更加敬畏天地，敬畏自然，一定会变得更有爱和更谦卑！每个梦想里，应该是怀着利他的种子，让这个世界共生共荣！

习近平总书记说：“我们都是追梦人！”我们是幸福的，因为我们可以为梦想去追求和奋斗！愿我们在追求优雅美学和女性教育梦想的路上能彼此遇见，做彼此的翅膀，共同飞翔！

# 致　谢

这是一本酝酿了很久的书。

缓慢地写作与反复斟酌，努力寻找最恰当的叙述结构与方式，很希望这本书能成为一本符合华人女性阅读习惯的优雅仪态工具书，但有时觉得力所不能及。有时需要和我的导师团队探讨到深夜，有时需要向我的同行前辈请教，有时需要向我的学员们征询意见，有时需要自己一遍遍推翻重来……

请允许我郑重地感谢帮助我的朋友。

感谢我的灵魂拍档：蒲公英时光教育集团许统文董事长、张艺珊老师、王斐老师、唐雅慧女士、张柏城先生、王好正先生……

感谢我的良师益友：郭晓丽老师、江玲老师、孟月霞老师、君熙小女神、小雪、慧杰对本书的复核与校对。

感谢我的“女神导师团”：蕙如老师、蓉蓉老师、栩菁老师、安琪老师作为模特，为本书贡献美丽色彩。

感谢更多爱我的人和我爱的人，感谢你们的滋养和支持。

感谢我的贵人，感谢你们的爱和守护。

书中所有的不完美是我能力所限，我愿意一直努力，书中若有哪个细节打动了你，是我的朋友们给予的力量和呈现，也恳请你为她们鼓掌。

也欢迎同行和前辈们批评指正。

最后，谢谢您，支持我的读者，感谢您的阅读和对我的包容。

孙卫莲

2020 年 1 月 30 日写于广州